Jean Galot SJ

DER HEILIGE JOSEF

Jean Galot SJ

DER HEILIGE JOSEF

Ein Mann nach dem Herzen Gottes

media
maria

Bibliografische Information: Deutsche Nationalbibliothek.
Die Deutsche Nationalbibliothek verzeichnet diese Publikation in der Deutschen Nationalbibliografie; detaillierte bibliografische Daten sind im Internet über http://dnb.ddb.de abrufbar.

Originaltitel der französischen Ausgabe:
SAINT JOSEPH

Übersetzung: Maria Petra Desaign
Erstveröffentlichung: Paulusverlag, Fribourg, Schweiz

Nihil obstat
Antonius Rohrbasser, libr. cens.
Friburgi Helv., die 15 januarii 1965

DER HEILIGE JOSEF
Ein Mann nach dem Herzen Gottes
Jean Galot SJ
Media Maria Verlag, 2. Auflage 2024

ISBN 978-3-9479313-6-1

www.media-maria.de

Inhalt

Einführung

Die Auskünfte, die das Evangelium über den heiligen Josef gibt, reichen nicht aus, um sein Leben darzustellen. Das braucht uns aber nicht daran zu hindern, über ihn zu sprechen. Wir ahnen doch schon, dass der Mensch, der in so enger Verbindung mit Jesus und Maria lebte, eine selten edle Seele gehabt haben muss. Es wäre schade, wenn man ihm nicht besondere Beachtung schenken wollte.

Als einziger Ausweg bleibt der Versuch offen, die Seele Josefs in den einzelnen Berichten des Evangeliums zu entdecken sowie in allem, was diese Berichte rechtmäßig vermuten lassen. Es handelt sich also nicht darum, geistvolle Erfindungen zu machen oder legendäre Erzählungen wie die Apokryphen heranzuziehen. Wir halten uns an die Gegebenheiten der Heiligen Schrift und erwägen alles, was sie einschließen. Die wesentlichen Grundsätze des geistlichen Lebens und die Gesetze der göttlichen Gnadenführung sollen miteingebaut werden. Das Nachsinnen über die verschiedenen Ereignisse in Josefs Leben wird Licht auf seine Seele werfen und auf die Aufgabe, die ihm im Erlösungsplan anvertraut war und noch anvertraut ist. Es soll uns zudem zeigen, welche Bedeutung seine Vollkommenheit für unser christliches Leben hat und welche Hilfe wir von ihm erwarten können.

Josef sehen – ihn sehen, so wie er ist, und erkennen, was er für uns bedeutet –, das ist das Bestreben dieser Arbeit. Sie möchte ebenso diskret und bescheiden sich darbieten wie die Persönlichkeit, die sie darzustellen versucht.

Josefs Persönlichkeit

Nicht immer hat die fromme Verehrung dem heiligen Josef zur Ehre gereicht, denn sie machte oft eine fade und farblose Gestalt aus ihm.

Sehr häufig wurde er als alter, greiser Mann dargestellt, der zwar ein gütiger, heiliger und wirklich sympathischer Greis sein sollte; aber man raubte ihm doch auf diese Weise das Privileg der Jugend. Anscheinend dachte man, sein Alter passe schlecht zur Aufgabe, die ihm in Nazaret zufiel, und so lud man ihm eine Last von Jahren auf und stattete ihn mit dem Bart aus, dem Zeichen für die Blüte des Alters. Sieht er so nicht aus wie der Großvater des Jesuskindes und der Vater Mariens?

Man gab sich jedenfalls keine Rechenschaft darüber, dass man mit einer solchen Darstellung auch der Jungfrau und ihrem Kind wenig Ehre erwies. Anstelle eines Lebensgefährten gab man Maria einen Hüter oder Schutzpatron. Fürchtete man, dass seine Jugend zu einer Gefahr für die jungfräuliche Reinheit seiner Frau hätte werden können? Das aber nahm dieser Verbindung die frühlingshafte Frische und Harmonie und verbannte aus ihr die junge Liebe, die doch zu Beginn da gewesen sein muss. Im Grunde versagte man auf diese Weise auch dem Erlöser den richtigen Vater, als habe das Kind nur im

Kontakt mit einem Greis wachsen und sich entfalten können.

Glücklicherweise kam es in jüngerer Zeit zu einer gesunden Reaktion. Mehr und mehr ist man bestrebt, Josef mit jugendlicheren Zügen darzustellen. Das Evangelium macht zwar keine Angaben über sein Alter, doch müssen wir annehmen, dass er bei seiner Verlobung mit Maria das Alter hatte, in dem die jungen Leute seiner Zeit sich verlobten.

Er hat mit der Jugend der Jungfrau seine Jugend verbunden und darum muss man Josef jung darstellen. Man kann hinzufügen, dass er das Alter gar nicht erreicht hat; er starb schon vor Beginn der öffentlichen Laufbahn Jesu.

Vor allem strahlte die Seele Josefs seine Jugend aus. Er ist eine jugendliche Persönlichkeit. Das Privileg der Jugend aber ist es, sich der Welt vorzustellen mit etwas Neuem, das sie umwandeln möchte. Junge Menschen sehen im Universum ein freies Feld, auf dem ihre frischen Kräfte sich in scheinbar grenzenlosen Möglichkeiten entfalten, um die Welt zu ändern und zu verbessern: Sie träumen von einer Neuschaffung der Erde, die besser werden soll. Und sie haben nicht einmal unrecht, diesen Traum zu träumen; denn dem ständigen Beitrag einer sich immer erneuernden Jugend verdankt die Menschheit ihre Aufstiege.

Mit dieser Geisteshaltung des Jugendlichen hat Josef sich der Welt gestellt, der Welt, die er von seinem Dorf in Galiläa aus erblicken konnte. Gewiss hat er gewusst, dass seine Arbeit ihm keinen fühlbaren Einfluss auf die Weiterentwicklung der Menschheit erlauben würde. Trotzdem sehnte seine ganze Seele sich danach, an der Bildung einer besseren Welt mitzuwirken. Dieser jugendliche Ehrgeiz wurde durch die glühende messianische Hoffnung des jüdischen Volkes noch mehr angefacht. Seit Langem erwarteten die Juden einen Messias, einen Retter. Bis jetzt war diese Erwartung nicht erfüllt worden. Aber das Herz jeder jungen Generation begeisterte sich von Neuem daran. Josef machte keine Ausnahme, sondern nährte in sich das sehnsüchtige Verlangen nach einer idealen Ordnung, die der Messias einsetzen würde.

Er glaubte an eine neue Welt, wusste aber auch, dass das Eintreffen der erhofften Stunde allein von Gottes Herrschergewalt abhing. Jedenfalls wollte er für seinen bescheidenen Teil an der Vorbereitung des messianischen Königreiches mitwirken. Das schien ihm vor allem dadurch möglich zu sein, dass er sich bemühte, an dem ihm von der Vorsehung zugewiesenen Platz vollkommen das zu sein, was er sein sollte. In dem glühenden Vertrauen seiner Jugend hoffte er, durch ein Gott besonders wohlgefälliges Leben die Formung eines neuen und heiligeren Volkes zu beschleunigen.

Diesen Eifer verdankte Josef nicht einfachhin der Jugendlichkeit seiner physischen Kraft und seines Temperamentes. Sie floss ihm vor allem aus der Jugend Gottes selbst zu, denn Gott ist das immer junge Sein, das dem Menschen die wahre Jugend vermittelt, eine Jugend, die nicht verblüht. Durch völlige Verfügbarkeit hatte Josef seine Seele dem inneren Wirken des Herrn geöffnet. Daher besaß er in sich die glühende, alles füllende Freude, durch die Gott seine Gegenwart bewusst macht. Er verlieh seiner Seele eine viel tiefer wirkende Jugend, als es die seines Körpers war. Er ließ ihn die Welt mit einem neuen Blick sehen, teilte mit ihm seinen eigenen Wunsch, alles zu erneuern, und entflammte ihn mit Begeisterung für die bessere, von den Propheten angekündigte Zukunft, die sich vorbereitete.

In diesem Seelenzustand befand sich Josef, als er Maria begegnete. Niemals hat er diese Jugend verloren. Bewiesen die Ereignisse, die sein Leben berührten, ihm nicht, dass sein Warten und Hoffen auf eine baldige neue Welt berechtigt war? Wollten sie ihm nicht sagen, dass er, Josef, so klein er auch war in der Unermesslichkeit des Universums, auf wirksame Weise beitragen konnte zur Vorbereitung dieser Erneuerung? Daran entzündete sich sein Eifer als junger Mann. Wir können uns Maria nicht alt vorstellen, sie erscheint uns immer jung. So müssen wir auch den heiligen Josef sehen: Seine aus Gott quellende Jugend ist ihm niemals verloren gegangen.

Ebenso wenig charakteristisch wie der Bart des alten Mannes sind für ihn der blühende Stab und der Lilienzweig, die man auf sehr vielen Statuen und Bildern in Josefs Händen sieht. Man kann füglich Symbole in ihnen erkennen: Der blühende Stab erinnert nach der von den Apokryphen verbreiteten Legende an die göttliche Wahl, die unter einer großen Anzahl Männern den einzigen Bräutigam der Jungfrau anzeigte. Die Lilie versinnbildet die bewundernswerte Keuschheit des jungfräulichen Bräutigams. Einem Mann steht es aber so wenig an, Blumen zu tragen, dass dies viel dazu beiträgt, ein ganz konventionelles Wesen aus Josef zu machen und die Kraft seiner Persönlichkeit zu verhüllen. In seinen rauen Arbeiterhänden hat Josef etwas anderes als Blumen gehalten.

Die Seele Josefs besaß viel Zartheit. Seine Jugend war ein Frühling, dem die Poesie nicht gefehlt hat; es hat eine Blüte in seinem Leben gegeben, und seine Verlobung hat sie auf ihre Weise enthüllt. Mit einer blütenhaften Frische der Empfindung hat er Maria angesprochen. Wenn Gott ihn zu ihrem Bräutigam erwählte, so können wir ahnen, mit welch zarter Empfindsamkeit er seine Seele ausgestattet hat. Sie sollte ihn befähigen, die Feinheit von Mariens Seele zu verstehen, sie zu schätzen und sich ihr anzupassen.

Doch glich seine Persönlichkeit in nichts dem Ranken einer ornamentalen Pflanze. Sie hatte nichts Künstliches, nichts Fades, nichts Gemachtes. Sie ließ sich nicht in eine leichte Sentimentalität gleiten. Josef hat sein männliches Temperament immer bewahrt und besaß eine besonders starke Seele. Als Haupt einer Familie brauchte er diese Kraft, die in seiner Keuschheit ihren Ausdruck fand, jene echte geistige Kraft, die der Seele die Herrschaft über den Leib sichert und es versteht, ihm echte Lebenszucht aufzuerlegen.

Durch seine Charakterfestigkeit war Josef die Stütze Mariens, wie es der Bräutigam für die Braut sein soll; durch sie übte er seine Autorität als Vater und Erzieher des Jesuskindes aus.

Diese Kraft war ihm übrigens in bemerkenswerter Ausgeglichenheit eigen. Aus den Berichten des Evangeliums gewinnt man den Eindruck, dass er mit großer Weisheit und ruhiger Sicherheit handelte. Da er für Gott lebte und ihm diente, war er gewiss, die nötige Kraft von ihm zu erhalten, besonders in schwierigen Augenblicken. Das bewahrte ihn vor impulsiven Entscheidungen und Erregbarkeit und ließ ihn ruhig und mit ausdauernder Energie handeln.

Jung und stark – so muss Josef vor uns stehen: eine an natürlichen und mehr noch an übernatürlichen Gaben göttlicher Gnade reiche Persönlichkeit.

Josef begegnet Maria

Das Leben Josefs wurde durch eine Begegnung entscheidend bestimmt. Eines Tages traf sein Blick den Blick Mariens.

Äußerlich schien diese Begegnung wie viele andere zu sein, bei denen ein junger Mann zufällig das junge Mädchen findet, das ihm gefällt und seine Frau werden soll. Innerlich jedoch war Josef wie geblendet, ganz entzückt und gleich gewonnen. Eine von Glück erfüllte Zukunft tat sich vor ihm auf.

Er erlebte tatsächlich eine Begegnung, wie es bisher noch nie eine gegeben hatte. Das Frühlingslicht, in dem diese Liebe sich erschloss, leuchtete anders als sonst. Josef war von einer unvergleichlichen Schönheit berührt worden, von der Schönheit einer Seele, die in schattenloser Reinheit und Vollkommenheit erblühte.

»Freue dich, du Gnadenvolle!«, wird der Engel Gabriel bald zu ihr sagen. In der Schönheit der Jungfrau erkennt er das wundervolle Ausströmen der göttlichen Gnade. Josef konnte die Gnade nicht sehen, wie es dem vergeistigten Blick des Engels möglich war; aber er nahm sie dunkel wahr und empfand den einzigartigen Zauber der Seele Mariens, die zu seltener Schönheit erhoben worden war.

Viele andere Männer waren an der Jungfrau vorübergegangen und nicht stehen geblieben. Sie hatten nichts Besonderes an dem jungen Mädchen bemerkt. Die schlichte körperliche Schönheit Mariens bot sich nicht so auffallend dar, dass sie die Aufmerksamkeit auf sich gezogen hätte. Der Garten blieb verschlossen. Nach äußerer Schönheit suchende, lüsterne Blicke glitten über ihr Antlitz hinweg, ohne eindringen zu können. Um die Seele der Jungfrau zu erreichen, bedurfte es eines tieferen, von aller Sinnlichkeit gelösten Schauens.

Josef verdankte also der Tiefe seiner Seele, dass er Maria wirklich begegnete und sie entdeckte.

Die durchdringende Tiefe von Josefs Blick war nicht eine rein natürliche Fähigkeit, sondern eine übernatürliche Gabe. Seit Langem hatte der Heilige Geist diese Begegnung vorbereitet. Er hatte Josef die Kraft verliehen, nicht in den niederen Neigungen und Forderungen des Instinkts zu leben, und seine Seele im Voraus abgestimmt auf die Seele Mariens. Zwar besaß Josef bei Weitem nicht die Vollkommenheit der Jungfrau. Aber eine besondere Gnade hatte seinen Blick geläutert und auf Höheres gerichtet und so fähig gemacht, dieses verborgene Leuchten zu entdecken. Sein Herz war vom Geist der Liebe geformt worden, sodass es ganz harmonisch übereinstimmte mit dem unbefleckten Herzen, das sich ihm schenken würde.

In vorweg geschaffener voller Harmonie fand also diese Begegnung auf dem Grunde beider Seelen statt. Alle Menschen, die im Laufe der Jahrhunderte Maria begegnen und von ihrer Schönheit entzückt werden, leitet das gleiche Licht des Heiligen Geistes, das den Blick Josefs erleuchtete und läuterte, denn eine Seele kann die Jungfrau nur entdecken, wenn sie in übernatürlicher Weise zu ihr hingelenkt wird.

Diese erste Begegnung trug unter der Einwirkung des Heiligen Geistes etwas Unirdisches an sich, das Josef nicht sogleich unterscheiden konnte. Wohl musste der junge Mann den Eindruck haben, in Maria eine göttliche Gabe zu finden. Er empfand sicher, dass er sich noch nie Gott so sehr genähert hatte. Aber er konnte nicht wissen, wie stark ihn in den Zügen Mariens wirklich Gottes Antlitz anzog. Es konnte ihm jetzt noch nicht alles bewusst werden, was er bei dieser Begegnung dunkel empfand und schätzte.

Jahre später wird er im Zusammenleben mit Maria und Jesus die tiefe Ähnlichkeit zwischen beiden feststellen und sicher sein, dass er im Grunde der Anziehung Jesu selbst verfallen war, als er sich dem Zauber Mariens überließ. Die Jungfrau trug in ihrem Wesen die vorgebildete Gestalt Christi. Als er ihr begegnete, war ihm als erstem Menschen bereits Christus begegnet.

Später wird der Erlöser in seinem öffentlichen Leben alle, denen er begegnet, an sich ziehen und gewinnen. Er war es, der Josef geheimnisvoll anzog und durch das Antlitz Mariens in Besitz nahm.

Josef erfuhr also, was viele Seelen, die sich nach ihm dem Zauber Mariens überließen, erfahren haben: Er folgte dem Drängen der göttlichen Liebe, die sie in ihrem Wesen trug. Er ließ sich vom Antlitz Jesu fesseln, das sich schon zart in den Zügen seiner Mutter zeigte. In der Jungfrau suchte und fand er – ohne es zu wissen – den Erlöser, der erst kommen sollte.

In dem Augenblick, als er in Maria die ideale Frau erkannte, folgte Josef einem inneren Ruf, der an ihn ergangen war. Die geistige Schönheit Mariens beglückte ihn derart, dass er ihre heilige Gegenwart nicht mehr missen wollte. Von nun an erfüllte ihn nur noch das Verlangen, mit dieser einzigartigen Seele in inniger Vertrautheit zu leben.

Versucht man, diese Begegnung mit der des ersten Mannes und der ersten Frau zu vergleichen, als die Sünde die Natur des Menschen noch nicht verdunkelt und alle weiteren Begegnungen belastet hatte, dann stellt man sofort fest, dass die neue Eva den Mann zu höherer Vollkommenheit geführt hat. Die erste Eva beeinflusste Adam, seiner zur Schwäche neigenden Natur zu folgen. Maria dagegen hob vom ersten Augenblick der Begegnung an Josef über sich hinaus und half ihm so, immer höher zu streben.

Als er Maria anschaute, fühlte sich Josef wie verwandelt. Er spürte das strahlende Leuchten und die Vollkommenheit dieser Seele, die edlere Wünsche in ihm weckte.

Vor allem begriff er, dass er größte Reinheit in sich bewahren musste, wenn er mit Maria zusammenleben wollte. Er gab sich gleich Rechenschaft darüber, dass sich ihre Verbindung nur dann auf der höchsten Ebene vollziehen könne, wenn sie in ungetrübter Jungfräulichkeit begründet würde. Man darf annehmen, dass die Begegnung mit Maria in Josef den Entschluss weckte, jungfräulich zu bleiben. Gewiss war er innerlich schon durch die Gnade in diese Richtung gedrängt worden, aber die konkrete Gegenwart Mariens machte ihm die volle Schönheit und

Köstlichkeit des jungfräulichen Lebens offenbar, an dem er Gefallen fand.

Nicht allein Ehrfurcht vor dem Wunsch und dem Willen Mariens veranlasste ihn dazu. Josef wurde sich vielmehr bewusst, dass er sein Leben mit dem Leben Mariens nur vereinigen konnte, indem er die Jungfräulichkeit mit ihr teilte. Es galt, ihr Ideal anzunehmen.

Er war der erste unter allen Menschen, denen Maria die innere Neigung zu diesem Ideal einflößen sollte. Jungfräulichkeit bedeutet bei Maria nicht einfach Selbstbewahrung, noch weniger strengen Verzicht auf sinnliche Neigungen allein, sie war vielmehr die Glut einer größeren Liebe, einer Liebe, die geistiger sein wollte, um reine Liebe zu sein. Es war auch eine Liebe, deren Schmelz von der Verwirrung der Leidenschaften nicht berührt worden war.

Als Josef dieses Licht in den Augen Mariens entdeckte, wollte auch er in ihm leben. Er begriff gleich, dass die jungfräuliche Unberührtheit mit unendlicher Zartheit bewahrt werden musste. Nach ihm werden noch viele andere Seelen Zeugnis davon geben, dass der Einfluss der Jungfrau sie bestimmt hat, das gleiche Ideal um einer edleren Liebe willen anzustreben.

So erwies sich noch klarer, dass im Grunde Gott der Urheber dieser Begegnung war. Gott schuf den Kontakt. Maria lebte ja nur für Gott. Sie wollte ihre Jungfräulichkeit bewahren, um sich inniger mit ihm zu vereinigen. Zur Vertrautheit mit ihr konnte man nur gelangen durch die Vertrautheit mit Gott. Ihr ganzes Wesen strömte Gottes Liebe zur Jungfräulichkeit aus: Josef wurde von einem doppelten Streben erfüllt: zu Gott aufzusteigen, jedoch auf dem Weg der Jungfräulichkeit.

Als nach dieser Begegnung sein Blick wieder auf die Dinge der Erde fiel, fand er sie sehr klein. Die Seele Mariens war so groß. Diese Entdeckung brachte Licht in Josefs Dasein. Schon teilte Maria ihm die Größe und Reinheit ihrer Liebe mit.

Die Verlobung

Für Maria war Josef der von der Vorsehung gesandte Mensch. Er würde ihr ermöglichen, im Stand der Jungfräulichkeit zu leben, zu dem sie sich vom Herrn berufen fühlte. Als sie ihm begegnete, wusste sie sogleich, dass er für dieses Ideal Verständnis haben würde und dass sie nun an die Verlobung denken konnte.

Heute wundern wir uns, dass sich Maria trotz ihres Entschlusses, jungfräulich zu bleiben, auf Verlobung und Ehe einließ. Aber in ihrer Umgebung kannte man keinen anderen Weg. In Israel gab es weder eine Einrichtung für ein Leben der Jungfräulichkeit noch Lebensgemeinschaften von Jungfrauen. Das Ideal gottgeweihter Jungfräulichkeit wurde weder geachtet noch gelebt. Es fand sich höchstens in der einen oder anderen Gruppe von Wüstenasketen irgendwie abgezeichnet. Wenn Maria über ihr Leben nachsann, musste sie sich sagen, dass ihre Jungfräulichkeit den besten Schutz in der Ehe finden würde unter der Bedingung, dass es einen vom gleichen Ideal begeisterten Mann gäbe, der, von der Erhabenheit der jungfräulichen Keuschheit überzeugt, entschlossen war, sie zu achten. Außerdem drängte die Vorsehung, die dem Kind Jesus ein Heim sichern wollte, Maria innerlich in diese Richtung.

Trotzdem musste die Jungfrau sich ernstlich fragen, ob ernstlich sie jemals einem jungen Mann begegnen würde, der wie sie nach einer jungfräulichen Verbindung verlangte oder wenigstens bereit war, darin einzuwilligen. Würde es eine solche Ausnahme geben? Man versteht, wie glücklich Maria sein musste, als sie in Josef eine Seele entdeckte, deren Reinheit und edle Empfindungen sie bewundern konnte.

So ergab sich die Verlobung spontan aus der Liebe zum gleichen Ideal und einer tiefen gegenseitigen Achtung.

Im Zusammentreffen aller Umstände empfand Maria staunend das weise und gütige Walten der göttlichen Vorsehung. Ob die Stille ihrer Seele in diesem Augenblick nicht das erste Magnifikat gesungen hat? Mit der ganzen Glut ihres Wesens dankte sie dem Herrn, der Josef auf ihren Weg gestellt hatte, den Mann, der ihr helfen würde, ihrer Berufung getreu zu entsprechen. Josef war das überraschende Geschenk der göttlichen Güte.

Dieses erste Magnifikat entströmte ihrer Seele wie das andere, das sie nach wenigen Monaten gesungen hat, als Dankeslied im Namen aller Demütigen. Gott hatte der Jungfrau einen schlichten, demütigen Menschen als Bräutigam gesandt. Während andere junge Mädchen davon träumen, die Frau eines Königs zu werden, war Maria beglückt von der göttlichen Wahl, die jene Menschen vorzieht, die im Schatten stehen und sich durch äußere Größe nicht auszeichnen. Der Wert Josefs stieg umso mehr in ihren Augen, als er ganz innerlich war und sich in einer schlichten, unbekannten Seele verbarg. Darin offenbarte Gottes Güte sich umso mehr.

Als Josef die Jungfrau zu seiner Braut erwählte und die Verlobung mit ihr einging, bestätigte sich also eine göttliche Wahl. Unter vielen Männern war er vom Herrn berufen worden, der Bräutigam der Frau zu werden, die Mutter Gottes sein würde. Unmöglich konnte er sogleich die ganze Liebe erfassen, die sich in dieser Wahl kundtat. Er ahnte sie zuerst, wurde sich aber bewusst, welches Privileg ihm zuteilgeworden war, eine solche Braut zu besitzen. In der Tiefe seiner Seele konnte auch er ein Dankeslied singen, wie es das Magnifikat der Jungfrau war.

Die Verlobungszeit begann so für Josef und Maria in freudiger, ganz Gott zugewandter Begeisterung. Maria war die Erste, die den Wert Josefs schätzte. Sie ging der Kirche in ihrer Verehrung für ihn voraus. Josef war der Erste, der Gott im Namen der Welt für das unermessliche Geschenk der ganz vergeistigten Schönheit Mariens dankte. Er sah, wie diese Schönheit sein eigenes Leben mit Glück erfüllte, und dafür dankte er.

Diese staunende Bewunderung festigte sich noch in ihm während der Verlobungszeit. Josef fühlte, dass sich für seine Braut, die ganz eingehüllt war von göttlicher Gnade, in seiner Seele ein wahrer Kult entwickelte. Die andächtige Verehrung, die der Jungfrau später von der Kirche entgegengebracht wurde, begann in seinem Herzen. Sie bestand in dem glühenden Ausdruck seiner jungen Liebe und der reinen Bewunderung für eine Seele, die ein lauterer Widerschein der Klarheit Gottes war.

Mehrere Jahrhunderte werden vergehen, ehe die Kirche den entdeckt, der der Bräutigam Mariens war. Da aber wurde er der Schutzherr der christlichen Eheversprechen.

Die christliche Frömmigkeit wird die Freude Mariens bei der Begegnung mit einem so idealen Bräutigam zu schätzen wissen und den jungen Mädchen, die ungeahnte Möglichkeiten der Liebe in sich empfinden und darauf warten, sie zu verschenken, durch Josef eine ähnliche Freude erbitten.

Die Wahl eines Gefährten oder einer Gefährtin für das Leben ist ebenso zart wie wichtig. Haben wir nicht genug Beispiele schlecht abgestimmter Verbindungen, brüchiger oder unglücklicher Ehen vor Augen? Die Wahl, die bei der Verlobung getroffen wird, hat tiefgehenden Einfluss auf sehr viele menschliche Schicksale. Darum wendet man sich mit Recht an Josef mit der Bitte, die Wahl zu lenken und zu sorgen, dass die von Menschen getroffene Wahl sich mit der Wahl Gottes decken möge. Ist er nicht der gegebene Fürsprecher, der das schöne Zusammenspiel der göttlichen Fügungen, Begegnung und Vereinigung zweier Menschen, die füreinander bestimmt sind, erwirken kann?

Damit die menschliche Wahl mit der göttlichen übereinstimmen kann, flößt Josef uns vor allem die Sorge um die notwendigen Eigenschaften der Seele ein und nicht zunächst die um die physischen Reize. Er regt die jungen Menschen an, die geistige Schönheit und die Anmut zu suchen, die der Gnade entströmt, die geheimnisvoller, aber auch echter ist. Er ermutigt das Streben, im anderen das zu entdecken, was er in der Jungfrau suchte und fand: eine Vollkommenheit, die Gott näherbringt.

Wenn dann die Wahl getroffen ist, vermag Josef noch die Entfaltung der bräutlichen Liebe zu lenken. Diese

Liebe schützt ein Schmelz, den sie nur in der Reinheit bewahren kann. In dieser Reinheit ist Josef bis zum Ende gegangen, indem er nur eine jungfräuliche Verbindung wünschte. Bräutlichen Seelen vermittelt er die Sehnsucht, dieses Ideal während der Brautzeit zu verwirklichen. Er lehrt sie, die seelische Nähe zu schätzen und alles zu vermeiden, was die geistige Schönheit verdunkeln oder trüben könnte. Er flößt zarte Behutsamkeit im Verhalten, besonders im Erzeigen von Zärtlichkeiten, ein und unterstützt den Willen in seinem Bereitsein zu heiliger Ehrfurcht vor dem geliebten Menschen.

Seine Verlobung mit Maria ist allen christlichen Verlobungen als Vorbild gegeben. Ganz eins mit der Jungfrau lehrt Josef die wahre Liebe. Er lässt die Verlobten in der menschlichen Liebe eine Gabe der göttlichen Liebe sehen und führt sie so auf einen Weg, auf dem ihre Liebe unaufhörlich höher steigen kann. Er lässt sie in der Liebe den Ruf zur Heiligkeit vernehmen.

Für immer bleibt Josef *der* Bräutigam, der die Höhe der Brautliebe erreicht hat und alle Verlobten dieser Erde zu gleicher Höhe führen möchte. Er hilft ihnen dabei, ihre Augen auf Maria, die ideale Braut, zu richten.

Josef ist aber in seiner Verlobung nicht nur das Vorbild der Brautleute. Er hatte Maria gegenüber eine Verpflichtung übernommen, die das Versprechen der Jungfräulichkeit einschloss. Darin offenbart sich eine wesentliche Sicht der jungfräulichen Weihe: Seelen, die dem Herrn unverletzte Keuschheit weihen, erhalten Zugang zu einem Leben besonderer Vertrautheit mit der Jungfrau. Josef hilft ihnen, das Privileg dieser Vertrautheit zu verwirklichen:

das Glück, im Leben die Nähe einer fraulichen Gegenwart zu besitzen, die fähig ist, die reine Poesie der Liebe zu wecken, und doch einzig dazu bestimmt bleibt, die Seele zu Gott zu erheben. Wie seine persönliche Erfahrung es ihn gelehrt hat, so lässt Josef sie die ganz geistige Schönheit der Jungfrau verkosten und bestärkt in ihnen das Verlangen nach absoluter Reinheit, um dem Ideal Mariens entsprechend zu leben und zu lieben.

Zeuge des Geheimnisses

Im ersten Augenblick der Begegnung hatte Josef staunend die Reinheit Mariens entdeckt. Er wurde beeindruckt von der unmittelbaren Nähe eines Geheimnisses, das sein Verstehen weit überstieg. Irgendetwas in der Seele Mariens, die er so unvergleichlich schön fand, ließ sich nicht fassen.

Nun machte er während der Verlobungszeit eine unerwartete, tief verwirrende Feststellung: Maria erwartete ein Kind. Diese Tatsache hätte jedem anderen Mann als Josef den Verdacht aufgedrängt, seine Braut habe sich eine Untreue zuschulden kommen lassen. Das Schweigen Mariens, die offenbar keine Erklärung geben wollte, verstärkte den Verdacht zudem. Josef jedoch, der das Geheimnis im Leben Mariens erspürt hatte, hütete sich, diesen Schluss zu ziehen.

Die Lauterkeit der Seele seiner Braut hatte ihn zu tief beeindruckt, als dass er eine Untreue ihrerseits einfach zugegeben hätte. Ihr Entschluss, ewige Jungfräulichkeit zu bewahren, bewies eine außergewöhnliche Sorge um unversehrte Keuschheit. Wie konnte dieser scheinbar ganz gefestigte Wille sich in kurzer Zeit so ändern? Im Blick der Jungfrau hatte sich übrigens nichts geändert. Immer noch strahlte aus ihm die gleiche Reinheit. Josef war von ihrer Unschuld überzeugt.

Es handelte sich jedoch um eine unleugbare Tatsache. Was war nur geschehen, dass Maria sich in diesem Zustand befand, ohne schuldig zu sein? Sollten die Eltern eingegriffen haben, weil sie einen anderen Bräutigam für ihre Tochter wünschten? Nichts schien es nahezulegen. Josef dachte hundertmal am Tag über das Problem nach und fand keine Antwort. Das Schweigen Mariens kam ihm wie ein neues Geheimnis vor.

Er erriet, dass sie einen zwingenden Grund für dieses Schweigen haben musste. Hätte sie sonst ihrem Bräutigam nicht eine Erklärung geben müssen? Hätte sie, die so geradlinig war, es nicht getan? Natürlich konnte Josef nicht ahnen, dass es sich um ein Geheimnis handelte, das der Engel Maria anvertraut hatte, ein Geheimnis, das sie nicht offenbaren durfte.

Er lebte also in nächster Nähe eines Mysteriums, das ihn direkt anging und das ihm fremd blieb. Diese peinliche Lage lässt klar den Unterschied hervortreten, der zwischen der Mitwirkung Mariens und Josefs am Heilsplan – oder genauer – an der Offenbarung und dem Vollzug des Geheimnisses bestand und sie voneinander trennte.

Ihm war das Geheimnis nicht gleichzeitig mit Maria kundgeworden, weil Gott ihn nicht wie seine Braut in das Innerste des Mysteriums einführen wollte und von ihm weder eine so direkte noch eine so entscheidende Mitwirkung verlangte wie von der Jungfrau. Maria war der Wille Gottes, der durch sie der Welt einen Erlöser schenken wollte, vorher mitgeteilt worden. Ehe das Geheimnis sich vollzog, sollte sie ausdrücklich diesem göttlichen Willen zustimmen. Als sie im Augenblick der Verkündung einwilligte, die Mutter Jesu zu werden, willigte sie unmittelbar ein in das Geheimnis der Menschwerdung und wirkte auf direkte Weise daran mit. Ihr »Ja« war die unerlässliche Bedingung.

Josef dagegen erfuhr die Neuigkeit erst nach dem Ereignis, sehr viel später. Als er einwilligen sollte, der Vater des auf wunderbare Weise empfangenen Kindes zu werden, stellte seine Einwilligung oder Ablehnung den Vollzug des Geheimnisses nicht mehr infrage. Seine Zustimmung bezog sich nur auf einen Begleitumstand.

Während also Maria voll einbezogen wurde in das Geheimnis, konnte Josef nicht darin eindringen. Er blieb im Dunkel, auf der Schwelle. Seine Aufgabe war es, Zeuge zu werden.

Für diese Aufgabe war er übrigens unersetzlich. Er allein vermutete das Geheimnis, von dem das Kind seiner Braut umgeben war. Die anderen Menschen dagegen hielten ihn spontan für den Vater des Kindes. Er allein kannte die Reinheit Mariens und war trotz des äußeren Scheines sicher, dass Maria ihre Reinheit nie hatte verletzen wollen.

Diese Sicherheit kommt in der Überlegung zum Ausdruck, die er vor der beabsichtigten Entscheidung anstellte: »Josef, ihr Mann, der gerecht war und sie nicht bloßstellen wollte, beschloss, sich in aller Stille von ihr zu trennen« (Mt 1,19). Er war gerecht, er maßte sich also nicht das Recht an, als Vater eines Kindes zu handeln, das nicht von ihm stammte. Er hätte umso mehr gefürchtet, falsch zu handeln, als er hinter dem unverbrüchlichen Schweigen Mariens ein Geheimnis vermutete. Wenn seine Braut glaubte, durch die Wahrung des Schweigens Gott zu gefallen, so musste er Gott gefallen, indem er es achtete und von nun an abseits von der Mutter und ihrem Kind lebte. Andererseits wollte er keinen falschen Verdacht auf seine Braut fallen lassen. Er war von ihrer Unschuld überzeugt und wollte ihren guten Ruf retten. Wenn er sich zum Bruch mit Maria verpflichtet fühlte, musste er ihn auf die diskreteste Weise vollziehen.

Der Entschluss, Maria heimlich zu entlassen, bezeugt also die Ehrfurcht Josefs vor dem Geheimnis Gottes und ist ein Zeugnis zugunsten des Mysteriums.

Als Zeuge des Geheimnisses musste Josef leiden. Von dem Augenblick an, der ihm die Mutterschaft Mariens enthüllte, bis zur Erscheinung des Engels nahm das Leid in ihm ständig zu. Die Verlobung war eine Quelle tiefsten Glückes gewesen: Nun war das Dunkel, das ihre Vereinigung überschattete, umso schmerzlicher zu ertragen. Josef hatte den Eindruck, als zerstöre das geheimnisvolle Kind das wechselseitige Verstehen, das ihm so wunderbar erschienen war. Es entfremdete ihm Maria und schien eine unübersteigbare Schranke zwischen ihnen aufzurichten.

Man kann den tiefen Kummer verstehen, der Josef erfüllte, als er sich damit abfand, die Trennung von seiner Braut ins Auge zu fassen. Zuerst hatte er wohl gehofft, das Schweigen Mariens sei vorübergehend gewesen. Er wartete auf ein Wort der Erklärung. Dieses Wort hätte genügt, um alles zu erhellen. Als er sie dann im Schweigen verharren sah, gewann Josef die Überzeugung, dass sie nicht sprechen dürfe und niemals sprechen würde. Es war ihm nicht entgangen, dass auch sie unter der veränderten Lage litt; es war ein Leiden zu zweit, aber auch ein verdoppeltes Alleinsein. Der Schmerz des einen Menschen vermehrte den des anderen.

Nun aber war diese Prüfung in besonderer Weise von der Vorsehung gefügt worden. Es wäre dem Herrn so leicht gewesen, Josef den Schmerz zu ersparen, wenn er den Engel einige Wochen oder Monate früher gesandt hätte. Er wäre sogleich beruhigt gewesen. Er hätte die wunderbare Abkunft des Kindes erfahren und das innere Drama der in Aussicht genommenen Trennung wäre vermieden worden. Da Gott die Botschaft erst im letzten Augenblick unmittelbar vor der unwiderruflichen Entscheidung sandte, ließ er beide Seelen die Prüfung bis zum Ende auskosten.

Nach dem göttlichen Plan muss nämlich das Zeugnis vom Opfer gezeichnet sein; das Zeugnis der Blutzeugen ist daher das erhabenste. Ehe die Jünger Zeugen der Auferstehung Christi wurden, mussten sie in Hinsicht auf eine gültige Zeugenschaft die Prüfung der Passion durchleiden, Augenblicke quälender Angst und auf schmerzliche Weise die Trennung von ihrem Meister erleben. Um Zeuge der jungfräulichen Empfängnis Christi zu werden, hat Josef eine ähnliche Prüfung erdulden müssen. Wie später bei den Jüngern, so bestand sie wesentlich in moralischen Leiden: Die Richtung ging verloren, weil die Stütze der Liebe, auf die man zählte, plötzlich entzogen worden war: Man weiß nicht, was man denken soll. Josef hat geglaubt, Maria zu verlieren, wie die Jünger später glauben werden, ihren Meister zu verlieren.

Diese innere, von Josef so lebhaft empfundene Qual gibt seinem Zeugnis Gültigkeit und vollen Wert. Josef bezeugt mit der ganzen tiefen Überzeugungskraft seines Wesens das Geheimnis der jungfräulichen Mutterschaft Mariens, weil er für dieses Geheimnis gelitten hat.

Umso größer war dann seine Freude, als er durch die Botschaft des Engels die Enthüllung des großen Geheimnisses empfing. Sie krönte sein Opfer und erhellte endgültig das Geheimnis, dessen begnadeter Zeuge Josef gewesen war.

Die Botschaft an Josef

Die Verkündigung durch den Engel an Josef ist die dritte des Neuen Testamentes. Sie allein zeigt deutlich, wie wichtig die Aufgabe war, die Josef im Erlösungswerk Gottes anvertraut werden sollte. Sie besitzt zwar nicht, wie schon bemerkt wurde, die entscheidende Tragweite der Verkündigung an Maria, weil sie erst nach dem Hauptereignis der Menschwerdung an ihn erging. Aber sie zeugt doch von der Würde, die Gott Josef verleihen wollte, da er eigens seinen Boten sandte, um ihm das Ereignis mitzuteilen. Er regte Maria zum Schweigen an über die Worte des Engels, weil er sich selbst vorbehalten hatte, ihrem Bräutigam die Botschaft zu überbringen, die ihn so sehr betraf.

Diese Botschaft beginnt mit einem Hinweis auf das Verhalten, das Josef annehmen soll: »Josef, Sohn Davids, fürchte dich nicht, Maria als deine Frau zu dir zu nehmen; denn das Kind, das sie erwartet, ist vom Heiligen Geist« (Mt 1,20).

Diesen Bescheid erhielt Josef in dem Augenblick, als er sich anschickte, den Entschluss, Maria im Stillen zu entlassen, auszuführen. Gott hatte den Plan im Geiste Josefs Gestalt annehmen lassen. Dann verhindert er plötzlich seine Ausführung und verlangt sogar ein ganz entgegengesetztes Verhalten. Damit will er zeigen, dass er das

Leben Josefs seiner eigenen göttlichen Sicht gemäß bestimmen will, die alle menschliche Voraussicht umwirft. Dies ist ein neuer Beweis dafür, dass der Lebensweg Josefs von Gott allein gelenkt wird, dass menschliche Einsicht seine Führung annehmen, aber weder bestimmen noch verstehen kann.

Die ersten Worte des Engels sind bezeichnend: »Fürchte dich nicht.« So hatte er auch zu Maria gesagt, als der Gruß des Boten Gottes ihre Seele verwirrte. Gott will damit kundtun, dass er als Freund, nicht als Richter sprechen will. Diese Worte tragen einen erhabenen Frieden in sich, der alle Beunruhigung zerstreuen, alle Erregung beschwichtigen soll.

In Josefs Seele war diese Verwirrung viel tiefer gewesen als in Maria, aber nicht der Erscheinung des Engels wegen. Vielmehr war ihm alles verwirrend erschienen, weil er die Herabkunft des Kindes der Jungfrau nicht kannte. Nun aber löst der Engel nicht nur die Verwirrung Josefs, indem er das wunderbare Wirken des Heiligen Geistes offenbart, sondern er richtet unmittelbar darauf eine Aufforderung an ihn: Josef soll sich als Vater dieses Kindes betrachten, das aus Gott war. Er, der ängstlich vermeiden wollte, Vaterrechte über ein Kind auszuüben, dessen Ursprung er nicht kannte, der aus diesem Grunde Maria verlassen wollte, wird nun eingeladen, die Aufgaben eines Vaters diesem Kind gegenüber anzunehmen. Im Grunde stand Gott allein das Recht auf diese Aufgabe zu. Nun fordert der Engel Josef auf, Gottes Stelle einzunehmen. Die Worte »Fürchte dich nicht« erhalten mit Rücksicht darauf ihre volle Bedeutung: Sie verlangen von Josef die Kühnheit, eine Vaterschaft anzunehmen, die ausschließlich Gottes Sache war.

Diese Kühnheit wurde in noch helleres Licht gerückt, als der Engel begann, die Sendung des Kindes zu offenbaren. Maria »wird einen Sohn gebären; ihm sollst du den Namen Jesus geben; denn er wird sein Volk von seinen Sünden erlösen« (Mt 1,21). Nach jüdischer Sitte war es die Aufgabe des Vaters, dem Kind einen Namen zu geben. In diesem Falle sollte der Name die ganze Sendung des geheimnisvollen Kindes ausdrücken: Es würde der Messias, der Retter des Volkes, sein. Mit diesem Namen weihte Josef in einem besonderen Auftrag das Kind seiner Mission als Erlöser.

Damit hörte er auf, nur Zeuge des Geheimnisses zu sein. Er wurde berufen, als Vater des Kindes an diesem Geheimnis mitzuwirken.

Diese Berufung zur Mitwirkung hatte der Engel gleich zu Anfang seines Grußes an Josef mit seiner Abstammung von David in Verbindung gebracht. »Josef, Sohn Davids« hatte er ihn genannt. Ob Jesus, wenn er später diesen Ausdruck vernimmt, nicht an Josef denken wird? Diese einfache Anrede erinnert daran, wie eng sich die messianische Sendung des Erlösers mit dem Handwerker aus dem Stamme Davids verband.

Als der Engel Josef so anredete, forderte er ihn nicht eigens zur Freude auf. Zacharias hatte er das Glück angedeutet, das ihm durch das von Gott geschenkte Kind zuteilwerden würde: »Du wirst dich freuen und jubeln und viele werden sich über seine Geburt freuen« (Lk 1,14). Bei der Verkündigung an Maria enthielten die ersten Worte auch eine Aufforderung zur Freude: »Freue dich, du Gnadenvolle!« Wenn der Engel es bei Josef auch nicht tat, so musste seine Botschaft in sich doch Freude und Wonne in der Seele Josefs wachrufen.

Sie befreite ihn ja nicht nur von aller beängstigenden Sorge, die ihn vorher gequält hatte, sondern enthüllte ihm eine in wunderbar helles Licht getauchte Zukunft. Er versteht nun, welchen Sinn seine Verbindung mit Maria hat.

In Wirklichkeit freute er sich bei der Verkündigung des Engels nicht zunächst über die Umwandlung seines persönlichen Lebens, sondern über die Verwandlung und Rettung der Welt. Von nun an war der Messias kein fernes Wesen mehr, das in einer unbestimmten Zukunft erscheinen sollte; er war da, gegenwärtig, ganz nah und Josef freute sich für die Menschen, für das Volk, das bald von seinen Sünden befreit werden sollte. In seinem Herzen strahlte die gleiche messianische Freude auf, die schon Maria und Elisabet aufjubeln ließ. Er trug die Freude der ganzen Welt in sich und Josef gab sich ihr hin im Namen aller, denen die gute Botschaft noch nicht bekannt war.

Dann aber freute sich Josef auch darüber, dass seine Verbindung mit Maria eine Bestätigung erfahren hatte. Zuerst schien es ihm, dass das Kind ihn von der Mutter trennen und ihm nicht gestatten würde, sich seiner Braut zu nähern. Nach der Ankündigung jedoch stellte er gleich fest, dass dieses Kind ein viel festeres Band um ihn und Maria geschlungen hatte, dass es auf endgültige Weise ihre Verbindung sicherte. Dieser »Jesus«, der Erlöser, der noch so klein, aber bestimmt war, so groß zu werden, schuf eine ganz neue Vertrautheit zwischen Josef und der

Jungfrau. Wie schön war diese innere Vertrautheit durch die Prüfung geworden! Ihr gemeinsames Leid endete in der tiefsten Freude des Sichwiederfindens.

Nachdem er die Botschaft vernommen hatte, betrachtete Josef Maria mit noch größerer Ehrfurcht und Bewunderung. Sie erschien ihm noch heiliger, denn nun sah er in ihr nicht allein die jungfräuliche Reinheit: Sie war die einzige Frau, die ihre Mutterschaft dem Heiligen Geist verdankte. Nun verstand er viel besser, dass der Entschluss zur Jungfräulichkeit Maria von oben eingegeben worden war. Gott wollte sie für sich bewahren, um sie selbst zur Mutter zu machen.

Staunend stand Josef vor der wunderbaren Güte Gottes, die ihm Maria als Frau zurückgab, obwohl der Heilige Geist von ihr Besitz genommen und die Frucht der Heiligkeit in sie hineingesenkt hatte. Bei der ersten Begegnung war ihm gewesen, als habe Gottes Liebe Maria auf seinen Weg gestellt, nun nahm er sie als eine noch kostbarere, noch herrlichere Gabe von dieser Liebe neu an.

Alle Ängste waren zerronnen wie Schnee in der Sonne. Es blieb nur die unermessliche Freude, seine jungfräuliche Braut in ihrer erhabenen Mutterschaft schöner und reicher wiederzufinden.

Die Vermählung

Durch den Engel hatte Josef erfahren, dass seine Ehe ausdrücklich von Gott gewollt war. Er beeilte sich, dem göttlichen Willen zu folgen. »Josef [...] tat [...], was der Engel des Herrn ihm befohlen hatte, und nahm seine Frau zu sich« (Mt 1,24), berichtet der Evangelist.

Ein Bräutigam machte seine Braut zu seiner Frau, indem er sie in sein Haus führte. Nach jüdischer Auffassung war die Verlobung der wesentliche Akt. Sie wandelte sich in eine Ehe von dem Augenblick an, da die Frau zu ihrem Mann zog. Als Josef Maria einlud, bei ihm zu wohnen, nahm er sie also als Frau an.

Sonst berichtet das Evangelium nichts von den Umständen dieser Hochzeit. Sicherlich wurde ein Fest begangen mit den üblichen Freuden und Feiern, aber es war einfach, weil beide Familien nicht reich waren. Es wird ein Fest gewesen sein wie jenes zu Kana, das im Evangelium zu Beginn des öffentlichen Lebens Jesu beschrieben wird.

Die Hochzeit zu Kana, die dreißig Jahre später stattfand, ermöglicht eine Vorstellung von der Ordnung, in der sich die Hochzeit Josefs mit Maria vollzogen haben muss. Der tiefe Gehalt einer Wirklichkeit kann sich tatsächlich in einem Symbol offenbaren.

So wird der mangelnde Wein in Kana symbolische Bedeutung haben. Er erinnert an den Mangel, der der menschlichen Liebe anhaftet, an die Verfälschung einer Ehe, die sich auf den Willensentschluss allein gründet, der schwach und dem Wechsel unterworfen ist. Eine solche Verbindung läuft Gefahr, nur kurz zu währen. Poesie und Zauber der Liebe verflüchtigen sich bald mit der ersten Begeisterung, die Anhänglichkeit lockert sich. Der Wein fehlt: Der Rausch der ursprünglichen Liebe verfliegt, die Eheleute sind enttäuscht, verstehen einander nicht mehr, und die Ehe droht zu zerbrechen.

Im Augenblick der nahen Gefahr greift Jesus auf die Bitte Mariens hin ein. Ob Maria, als sie, um das Fest zu retten, ein Wunder erflehte, nicht an ihre eigene Ehe gedacht hat, die fast auseinandergebrochen wäre und nur durch die Erscheinung des Engels bei Josef gerettet wurde? Die Glut und das gläubige Vertrauen ihrer Bitte erwirken das Wunder. Christus gibt im Überfluss vom besten Wein, verlängert dadurch das Fest und deutet an, dass er, um der Ehe ihre Festigkeit und Dauer zu sichern, ihr eine bessere Liebe, seine eigene, geben will.

Im Falle Josefs handelte es sich weder um eine Schwäche des Willens noch um eine Enttäuschung der Liebe, doch war seine Ehe auf andere Weise bedroht. Die Entscheidung, die er gefällt hatte und nach Lage der Dinge fällen musste – seine Braut zu entlassen –, zeigt, dass – menschlich gesprochen – die Ehe verloren war. Die Gegenwart Jesu allein rettete die Situation.

Wie später in Kana, nur auf unmittelbarere und tiefere Weise, behütet der Erlöser die Ehe in der Gefahr. Hier gibt er keinen Wein, sondern sich selbst als Urheber und Existenzberechtigung der Vereinigung. Er stellt sein Leben unter den Schutz der Liebe, die Josef und Maria verbindet. Dadurch verleiht er ihr seine göttliche Kraft und knüpft das Band der Ehe auf unlösbare Weise. Weil ihre Liebe von nun an in seiner eigenen Liebe verwurzelt ist, verbindet sie Josef und Maria viel tiefer.

Die Vermählung Josefs stellte also die Wirklichkeit dessen dar, was auf der Hochzeit zu Kana symbolhaft in Erscheinung trat. Sie lehrt die Grundwahrheit des ehelichen Lebens auch heute noch. Jede Verbindung, die sich nicht auf die Liebe Christi und auf seine geheimnisvolle Gegenwart gründet, die die Basis jeder echten Liebe ist, ist gefährdet. Das will übrigens auch das Sakrament der Ehe ausdrücken und lehren. Es stellt die Liebe Christi dar, der die Liebe der Eheleute trägt, anregt und ihr Ausdauer und Beharrlichkeit verleiht bis zum Tod. Josefs Ehe mit Maria war zwar kein Sakrament, da sie in der Ordnung des Alten Testamentes vollzogen wurde und der Erlöser die Sakramente noch nicht eingesetzt hatte, aber sie enthielt die Wirklichkeit des Sakramentes und ist deswegen der Prototyp der christlichen Ehe.

Es ist also der Mühe wert, die Ehe Josefs zu betrachten, um zu verstehen, bis zu welchem Grad jede Vereinigung von Mann und Frau sich an der übernatürlichen Quelle und dem Geheimnis der erlösenden Menschwerdung nährt. Die Mensch gewordene Liebe Gottes ist der tragende Grund jeder Ehe. Beide Seiten treten in der Vereinigung, die Josef einging, klar hervor. Einerseits war sie durch die Menschwerdung selbst bedingt und vollzog sich in der Gegenwart Christi, d. h. der göttlichen Liebe, die im Herzen der Menschen wohnen will. Andererseits entsprang sie einem erlösenden Leiden, denn die Liebe Josefs und Mariens war durch die Gegenwart des Erlösers in einem gemeinsamen Schmerz gefestigt worden.

Die Ehe Josefs lehrt uns, jede Ehe auf diese Weise zu betrachten, in ihr ein Werkzeug der erlösenden Menschwerdung und der Einkehr der göttlichen Liebe in die Herzen der Menschen zu sehen, um sie zu wandeln und zu einer tieferen Hingabe zu befähigen, deren wichtigster Beitrag das Leiden ist. Gewiss hat die Menschwerdung geschichtlich nur einmal stattgefunden, und das erlesene Privileg Josefs war es, sie als Ursprung seiner Ehe zu besitzen. Aber das Geheimnis der Menschwerdung wirkt in den Sakramenten weiter und verleiht der Ehe ihre übernatürliche Substanz. So also, obwohl sie äußerlich noch ganz dem Alten Testament angehört, begann mit Josefs Ehe die Institution der christlichen Eheschließung. Die Christen, die sich durch dieses Sakrament miteinander verbinden, müssten folgerichtig Josef und Maria nachahmen und in ihrer Ehe die erlösende Menschwerdung weiterführen und zum Ausdruck bringen. Wie zeitgemäß es ist, die Ehe Josefs zu betrachten, zeigt sich auch in der Betonung des Kindes. Tatsächlich wird diese Ehe im Plan Gottes nur gerechtfertigt durch das Dasein des Kindes Jesus. Als Josef vom Engel aufgefordert wurde, Maria zu sich zu nehmen, beabsichtigte der göttliche Bote, dem Kind einen Vater und ein Heim zu geben.

In diesem außergewöhnlichen Fall geht das jungfräulich empfangene Kind der Ehe voraus und fordert sie, aber er beleuchtet auch die wichtige Wahrheit, dass die eheliche Verbindung ihre vornehmste Rechtfertigung durch das Kind findet, das geboren werden soll. Es ist bekannt, dass diese Wahrheit von gewissen Kreisen nur widerstrebend anerkannt wird. Die Versuchung, den Egoismus anstelle der Liebe zu setzen, die eheliche Liebe – zumindest teilweise – in einen Egoismus zu zweit umzuwandeln, ist sehr stark. Man versteht nicht mehr, dass diese Liebe, um sich zu verwirklichen, über sich hinauswachsen muss – zum Kind. So läuft die Ehe Gefahr, ihrem Ziel entfremdet zu werden und dem Verlangen nach Befriedigung der Lust als Deckmantel zu dienen, oder sie stillt das Liebesbedürfnis um seiner selbst willen und verweigert eine echte Hingabe.

Dagegen ist Josefs Ehe ein ausgezeichnetes Beispiel für die von Gott gewollte Ordnung, dass die Ehe zunächst im Hinblick auf das Kind gegründet wurde.

Man hätte schließlich meinen können, die innige Vertrautheit des Lebens mit Maria wäre ein ausreichender Grund für die eheliche Verbindung gewesen, weil sie in Wahrheit ein so großes Gut war. Sollte es nicht ein lobenswertes Ziel sein, sich die Gemeinschaft mit einer edlen und schönen Seele zu sichern, um mit ihr auf dem gleichen Wege zu Gott zu gehen? Gott selbst jedoch gab dieser Verbindung ein wesentlich höheres Ziel. Er wollte nicht, dass diese Vertrautheit um ihrer selbst willen gepflegt und verkostet würde, vielmehr sollte sie sich ganz hinordnen auf das Kind. Um des Kindes willen hat Josef den Ehestand gewählt. Er ist bereit, diese innere Ausrichtung für alle, die zur Ehe berufen sind, zu erflehen, damit sie das Kind als Ziel und Vollendung ihrer Vereinigung betrachten.

Der Gefährte der Jungfrau

Als Josef Maria zu sich nahm, führte er sie in die vertraute Gemeinschaft seines Lebens ein. Richtiger würde man jedoch sagen, dass er in die Vertrautheit des Lebens mit Maria eintrat; denn durch den Kontakt mit einer schöneren und reicheren Seele erhält ein Mensch Anteil an dem Klima und der Geistigkeit ihres Lebens. Im geistigen Sinne war es Maria, die Josef zu sich nahm.

Jede Vertrautheit hat etwas Unaussprechliches an sich, diese mehr als andere, man kann sie nicht beschreiben. Sie war einfach und reich, klar und tief zugleich wie die beiden Seelen, die sie lebten.

Sie erschöpfte sich nicht allein und nicht hauptsächlich darin, Freuden, Prüfungen und die Arbeiten des Alltags miteinander zu teilen. Sie war vornehmlich ein Zusammenfließen des Lebens der Gnade.

Diese übernatürliche Gnade hatte Josef bei der Begegnung mit Maria besonders berührt. Er empfand sogleich, dass der Seele Mariens ein weit höherer Reiz entströmte. Maria hatte ihn durch eine Schönheit gewonnen, die Heiligkeit war. Darum fühlte er sich nicht nur oberflächlich beeindruckt, nicht nur flüchtig angezogen von dem Glanz der körperlichen Schönheit, die vergeht. Maria übte eine bleibende Anziehungskraft aus, die Josef immer mehr und tiefer erfasste. Die göttliche Gnade, die ihr Inneres erfüllte, prägte alle ihre Worte und Handlungen und leuchtete in den Zügen ihres Antlitzes durch eine friedlich strahlende, sich mitteilende Güte. Jeden Tag von Neuem wurde Josef von ihr ergriffen, und, wie im ersten Augenblick, so nahm Gott ihn durch Maria immer tiefer in Besitz.

Dieser übernatürliche Reiz der Gesellschaft Mariens ist für Josefs Leben und Streben eine starke Stütze gewesen. Die Jungfrau machte das Gute liebenswert und die Pflichterfüllung leicht. Sie gehörte nicht zu jenen Menschen, die man wegen ihrer Geradlinigkeit und Strenge bewundert, deren Kühle aber ein wenig abschreckt, weil sie die Pflicht hart erscheinen lässt. Sie tat das Gute beschwingt und erfüllte ihre Pflichten mit einer Liebe, die ihre angenehmen Seiten hervorhob. Aus der Fülle der Gnade zeigte sich ihr Lächeln, das alles von innen her verklärte. Ihre Liebe wollte guttun, um ganz Liebe zu sein. Häufig schöpfte Josef durch sie neuen Trost.

Aber auch er bedeutete eine Stütze für Maria. Treue Beständigkeit, ruhige und feste Tapferkeit, absolute Ehrlichkeit und rückhaltlose Aufopferung waren die schönen Eigenschaften, in denen die Jungfrau bei ihm große Hilfe fand. Sie trugen mit dazu bei, dass ihre Vereinigung sich unaufhörlich vertiefte und inniger und wärmer wurde.

Wenn Josef nicht enttäuscht war von der erwählten Frau, so war auch Maria nicht enttäuscht von dem Mann, den die göttliche Vorsehung ihr zugeführt hatte. Josef hielt alle Versprechen, kam allen Verpflichtungen nach, die er in seiner Ehe übernommen hatte. Als Maria ihn im gemeinsamen Leben an ihrer Seite tiefer kennenlernte, fühlte sie ihre Achtung vor ihm wachsen. Er war wirklich der vorbildliche Mann.

Nicht allein deswegen war er es, weil er in diese Verbindung mitgebracht hatte, was man von einem Mann erwartet, sondern weil er ganz einging auf das Ideal Mariens: das Werk, das sie gemeinsam ausführen sollten. Es handelte sich darum, den Messias für die Welt zu bereiten, die er retten sollte. Seit der Verkündigung lebte Maria einzig für dieses Ziel. Josef teilte voll und ganz diese Sorge mit Maria, machte ihren Lebenszweck zu dem seinen und vertiefte dadurch ihre Seelengemeinschaft auf unsagbare Weise. Die Liebe dieses ehelichen Bundes umschloss die ganze Menschheit, weil er nur bestand, um der Welt einen Erlöser zu geben.

Auf diese Weise hatte die Vertrautheit des Lebens zwischen Maria und Josef nichts an sich von einer Verbindung, die sich auf sich selbst beschränkt. Sie wollten ihr Glück nicht an einem abgeschlossenen Ort verbergen, wollten nicht am Rand leben, nicht das Interesse am Schicksal der Welt verlieren, nicht ihre Befriedigung im ruhigen Genuss suchen. Josef und Maria wollten ihr Glück im Erlöser aller finden und es der ganzen menschlichen Gemeinschaft vermitteln.

Die umfassende Weite dieser Meinung musste der inneren Vertrautheit eine Begeisterung verleihen, die ihr Herz immer mehr öffnete. Wenn Josef das großartige Werk betrachtete, das sich ankündigte, dann musste das Leben als Gefährte der Mutter des Erlösers beglückend für ihn sein.

In mancher Hinsicht war die Vertrautheit Josefs mit Maria einzigartig und unnachahmbar. Es war eine eheliche und gleichzeitig jungfräuliche Vertrautheit, die für die Entwicklung des Kindes, das die Welt retten sollte, die warme Atmosphäre der Liebe schuf.

Aber diese Vertrautheit hat bestimmte charakteristische Eigenschaften, die den Beziehungen der Christen zu Maria als Vorbild dienen sollen. Es ist sehr bezeichnend, dass der Akt, durch den Josef in das Leben der Vertrautheit mit Maria eintrat, ein zweites Mal im Evangelium erwähnt wird, und zwar unter ganz anderen Umständen, die nicht mehr Josef, sondern einen Jünger betreffen.

Josef hatte der Weisung des Engels entsprechend Maria zu sich genommen. Als der Lieblingsjünger am Fuße des Kreuzes die rührende Erklärung des sterbenden Meisters hörte: »Siehe, deine Mutter!«, da handelte er genauso: »Und von jener Stunde an«, erzählt der Evangelist, »nahm sie der Jünger zu sich.«

In dieser Szene vertritt der Lieblingsjünger jeden anderen Jünger Christi insofern, als er als Gegenstand seiner Liebe von ihm seine Mutter empfängt. So muss in gewissem Sinne jeder Christ die Handlungsweise des Apostels Johannes nachahmen. Jeder muss Maria zu sich nehmen, das heißt, er muss sie in seine Liebe aufnehmen, in ihrer Gesellschaft leben und ihr eine Liebe schenken, wie sie einer Mutter gebührt.

So versteht man, dass das innige Zusammenleben im Haus in Nazaret Beginn und Beispiel für die Vertrautheit des Lebens aller Christen mit Maria ist. Darum ist Josef auch der Heilige, der sie besonders zu dieser vertrauten

Liebe ermutigt. Das Wort Jesu an den Lieblingsjünger ist die Grundlage der Andacht, die alle Jünger zu Maria pflegen sollen. Josef ist besonders berufen, diese Andacht zu entwickeln.

Ehe der Erlöser den ausdrücklichen Befehl gab, hat er die vollkommene Vertrautheit der Liebe mit Maria gelebt, die seitdem eine Seite des christlichen Lebens darstellt. Er hilft also den Christen, Maria zu sich zu nehmen, ihr einen bevorzugten Platz in ihren Gedanken einzuräumen, in ihrer Nähe zu leben und sie durch vertrauende Hingabe zu ehren.

Er hilft ihnen, sich von Maria in Besitz nehmen zu lassen durch die ausstrahlende Fülle der Gnaden, durch den Charme ihrer freundlichen Gegenwart und die Atmosphäre der Reinheit, die sie ganz einhüllt.

Seine Lebensgemeinschaft mit Maria war eine Gemeinschaft im gleichen Ideal. Darum hilft er den Christen vor allem, das Ideal der Jungfrau zu teilen und mit ihr am großen Erlösungswerk für die Menschheit zu arbeiten.

Auf diese Weise gibt Josef der Andacht zu Maria die wesentliche Grundlage, indem er sie enden lässt in einer engeren Zugehörigkeit zu Christus. Die kindliche Liebe der Christen zu Maria wird mehr sein als die einfache Vertrautheit des Kindes mit seiner Mutter: Sie wird zur Mitwirkung mit ihr an dem weltweiten Werk der Befreiung und Heiligung der Seelen.

Maria zu sich nehmen – das heißt weit werden in der Universalität ihrer Hoffnung und ihrer Liebe.

Die Geburt des Erlösers

Als die angeordnete Volkszählung Josef zwang, unverzüglich nach Betlehem aufzubrechen, geriet er in große Bestürzung. Maria musste ihn begleiten. Da ihre Niederkunft nahe bevorstand, stellte er sich die besorgte Frage, ob sie imstande sein würde, eine Reise von mehreren Tagen auf sich zu nehmen. Zudem musste Josef fürchten, dass die Geburt unterwegs geschehen könnte. Es betrübte ihn auch, das Haus in Nazaret verlassen zu müssen, wo alle Vorbereitungen getroffen waren. So gern hätte er Maria die Mühe und Last erspart.

Aber er konnte sich der auferlegten Verpflichtung nicht entziehen. Die ihm eigene übernatürliche Einstellung ließ ihn in der Volkszählung den Ausdruck des göttlichen Willens erkennen. Es war ein verwirrender Wille, der alle menschliche Voraussicht zu enttäuschen schien. Zeigte er aber nicht auch an, dass Gott noch deutlicher das Schicksal des geheimnisvollen Kindes in seine Hände nehmen und die Bedingungen seiner Geburt bestimmen wollte? Für Josef also bedeutete diese Reise ins Unbekannte eine Reise zu dem, was Gott in seiner unbegreiflichen Weisheit wünschte und festlegte.

So machte er sich denn mit Vertrauen auf den Weg. Man kann sich leicht vorstellen, mit welch zarter Fürsorge er

Maria umgab. Er tat sein Möglichstes, um die Ungelegenheiten der Reise erträglich für sie zu gestalten. Aber die große Anzahl der Menschen, die wegen der Volkszählung unterwegs waren, verursachte eine Überfüllung an den Haltestationen. Da Josef arm war, gelang es ihm nicht, einen Ruheplatz für seine Frau zu erhalten. Die überfüllten Herbergen in Betlehem zwangen ihn bei seiner Ankunft, Zuflucht in einer Grotte zu suchen, die den Tieren Schutz bot.

Wenn das Evangelium berichtet, dass »in der Herberge kein Platz für sie war« (Lk 2,7), so lässt der Text die Hoffnung Josefs erraten, wenigstens am Ende der Reise ein ruhiges Plätzchen für Maria in einer Herberge zu finden. Man spürt auch seine Enttäuschung heraus. Wenn er reich gewesen wäre, hätte er sicher Aufnahme gefunden. Der Evangelist betont, dass »für sie« kein Platz war. Diese Abweisung muss sehr verletzend auf Josef gewirkt haben. Sie bekümmerte ihn und nötigte ihn, außerhalb der Stadt eine Notunterkunft – einen Stall – zu suchen.

Und doch zeichnete sich in der ergebnislosen Bemühung Josefs bereits – ohne dass er es wusste – der Verlauf des Erlösungsdramas ab. Die Demütigung, in »seiner« Stadt, der Stadt Davids, keinen Platz zu finden, war das Vorspiel der entscheidenderen Demütigung des Erlösers: »Er kam in sein Eigentum, aber die Seinen nahmen ihn nicht auf« (Joh 1,11). Christus wurde von den Menschen seines Geschlechtes verstoßen, von denen, die ihn hätten aufnehmen müssen. Dieses Zurückgestoßenwerden und der Misserfolg gehörten zu den Umständen seiner Geburt, wie Gott sie geplant hatte.

Die Mitwirkung Josefs bei den Ereignissen trug zunächst dazu bei, dass dieses Kind in Betlehem geboren wurde. Er sollte auch dazu beitragen, dass aus dieser Geburt eine vorweggenommene Darstellung des Erlösungsopfers wurde. Im Grunde war es Jesus, der durch ihn versuchte, als Armer bei seinem Volke und in seiner Stadt Aufnahme zu finden, und dem es nicht gelang. Josef war nur der Vorbote des Kindes. Seine Größe bestand darin, im Namen Jesu in Betlehem auf den Weg der erlösenden Erniedrigung gestellt zu werden.

Außerdem waren die peinlichen Umstände der Preis seiner Vaterschaft dem Kind gegenüber. Später wird der heilige Paulus die Leiden erwähnen, die seine geistliche Vaterschaft den Galatern gegenüber ihm einbrachte: »Meine Kinder, für die ich von Neuem Geburtswehen erleide, bis Christus in euch Gestalt annimmt« (Gal 4,19). Die moralischen Leiden Josefs hingen umso mehr mit seiner Vaterschaft zusammen, als die Empfängnis des Messias von den Propheten als eine Empfängnis in Schmerzen vorausgesagt worden war. Josef erhielt davon seinen Teil.

An ihn wandte sich sinngemäß zuerst die Lehre, die Christus im Hinweis auf seine Passion den Jüngern gab: »Wenn die Frau gebären soll, hat sie Trauer, weil ihre Stunde gekommen ist; aber wenn sie das Kind geboren hat, denkt sie nicht mehr an ihre Not über der Freude, dass ein Mensch zur Welt gekommen ist« (Joh 16,21). Wenn schon der Weg der Jünger Jesu durch den Schmerz führte, so versteht man, dass Josef als Vater noch tieferen Anteil am Leiden haben musste.

Aus diesem Leiden entstand aber auch eine umso größere Freude. Als Josef das Kind sah und das Glück Mariens, die es zum ersten Mal in ihre Arme nahm, da schwand jede schmerzliche Erinnerung. In seinem Herzen und im Herzen Mariens erklang nichts als der Jubel, das wunderbare kleine Kind anzuschauen. Das strahlende Lächeln der Mutter teilte sich ihm mit.

Es war nicht nur die Freude über die Geburt, nicht allein das innige Glück, das der Gegenwart eines neugeborenen Kindes entströmt. Es war die Freude, den Messias zu sehen, den Erlöser der Menschheit. Bald wird dieser Erlöser Simeon gezeigt werden, dem frommen Greis, der sein Leben damit zugebracht hatte, ihn zu erwarten. Er wird ihn in seine Arme nehmen und so von Glück erfüllt sein, dass er nichts anderes mehr ersehnt und in Frieden heimgehen möchte. Vor ihm war Josef das Privileg zuteilgeworden, das Kind zu schauen, das die Erwartung des ganzen jüdischen Volkes und seine große Hoffnung war.

Als er es mit dem gleichen entzückten Blick betrachtete wie Maria, da vertrat er die ganze Menschheit, die auf Jesus hoffte, und freute sich im Namen aller genau wie in dem Augenblick, als ihm die wunderbare Empfängnis durch den Engel verkündet wurde.

Die Ankunft der Hirten bestätigte diese Freude. Sie traten in die Grotte ein, die sie gesucht hatten, und »fanden Maria und Josef und das Kind, das in der Krippe lag« (Lk 2,16). Ehe sie das Kind entdeckten, fanden sie Maria und Josef – berichtet der Evangelist, als wollte er sagen, dass man den Erlöser durch sie finden müsse. Von nun an werden Josef und Maria nicht mehr von ihm zu trennen sein. Als die Hirten erzählten, was sie von den Engeln vernommen hatten, gab es ein staunendes Entzücken. Josef und Maria wussten zwar bereits, dass Jesus der Messias war, aber es von den Hirten zu vernehmen, vermehrte ihre begeisterte Freude. Nun bewunderten sie das kleine Kind noch mehr. Sie fühlten sich glücklich, dass ihre Freude von anderen geteilt wurde, von einfachen Menschen, denen der Herr sich am liebsten offenbart.

Der Besuch der Hirten schenkte Josef vollends Licht über den Sinn seiner Reise nach Betlehem und über die erfolglose Bemühung, eine bessere Zuflucht zu finden als einen Stall. Jesus wollte in der königlichen Stadt Davids geboren werden. Er sollte als unterscheidendes Merkmal die Krippe haben, in der er lag. Dieses Zeichen hatte der Engel den Hirten angegeben.

So verwirrend auch der göttliche Plan auf den ersten Blick gewesen war, so meisterhaft enthüllte sich nun seine Weisheit, und die Unannehmlichkeiten und Leiden, die er für Josef enthielt, erhielten nun in seinen Augen ihre eigene Bedeutung. Alles musste zusammenwirken, um aus dem Messias einen Armen unter den Armen zu machen. Immer würde die Krippe das Zeichen seiner Armut bleiben. Die Freude über die Geburt des Erlösers wurde zunächst den Armen mitgeteilt. Das machte das Glück Josefs überfließend. Man musste alles andere aufgeben, um Christus zu besitzen: Das hatte Josef getan. Die Entblößung wurde höchster Reichtum.

Der Vater Jesu

Als sein Kind bewunderte und liebte Josef das neugeborene Kind in der Krippe. Wenn er an der Bildung seines Körpers auch keinen Anteil hatte, so war er doch sein Vater und verhielt sich als solcher. Der Weisung des Engels folgend, übte er bald seine väterliche Autorität aus und gab dem Kind einen Namen, den Namen Jesus.

Menschen, die in der physischen Zeugung allein die Vaterschaft sehen, erkennen Josef nicht als Vater Jesu an. Aber die Vaterschaft besitzt auch Züge, die wichtiger sind als die körperliche Zeugung. Es genügt, an die vornehmste Vaterschaft zu erinnern, die Vaterschaft Gottes in Bezug auf das Geschöpf.

In ihrer Geistigkeit gleicht die Vaterschaft Josefs der göttlichen. Den körperlichen Akt ausgenommen, umfasst sie alles, was der menschlichen Vaterschaft zu eigen ist. Vornehmlich setzte sie Josef in seine Aufgabe als Erzieher ein und schuf Beziehungen der Liebe zwischen ihm und Jesus, die dem Verhältnis eines Vaters zu seinem Kind entsprechen.

Man muss zugeben, dass es schwer ist, die Vaterschaft Josefs mit einem Wort zu charakterisieren. Die Ausdrücke, die man häufig dafür benutzte, waren nicht immer glücklich gewählt, ungenau, zumindest sehr ungenügend.

So war Josef nicht nur der »gesetzliche Vater« des Kindes. Vor dem Gesetz war er zwar sein Vater, aber es war nicht nur eine juridische Beziehung, die ihn mit Jesus verband. Auch das kindliche Verhalten Jesu dem heiligen Josef gegenüber beruhte nicht einfach auf einer gesetzlichen Festlegung.

Der Ausdruck »angenommener Vater« ist auch nicht zutreffend. Er besagt, dass Josef im Ruf der Vaterschaft stand, dass die öffentliche Meinung ihn für den Vater Jesu hielt. Tatsächlich war das die allgemeine Auffassung, wie der heilige Lukas erklärt: »Er galt als Sohn Josefs« (Lk 3,23). Aber diese Vaterschaft war nicht nur eine Fassade für die öffentliche Meinung, sie besaß ihre eigene Wirklichkeit.

Die Bezeichnung »Adoptivvater« beschreibt die Stellung Josefs auch nicht zutreffend. Ein adoptiertes Kind hat mit der ehelichen Verbindung nichts zu tun. Durch die Adoption wird es in eine Familie aufgenommen, die nichts über seinen Ursprung aussagt. Josef hat auch keine Adoptionsurkunde unterschrieben. Er wurde der Vater Jesu durch die Tatsache, dass er der Gemahl Mariens war.

Noch öfter hat man vom »Nährvater« gesprochen. Dieser Titel stimmt insofern nicht, als man die Funktion Josefs auf eine rein materielle Aufgabe beschränkt. Er scheint aus der Vaterschaft eine Art Versorgungspflicht zu machen, die sich nur auf Willen und auf Großmut stützt.

In Gegenüberstellung dazu ist der Titel »geistiger Vater«, den man manchmal, aber viel weniger häufig gebraucht, auch nicht glücklicher getroffen, da er zu leicht zu der Auffassung einer Vaterschaft in Bezug auf das Denken oder die Leitung des geistlichen Lebens führt.

Unter allen Namen, die man zu finden versuchte, ist vielleicht der beste »jungfräulicher Vater«. Er lässt sich am leichtesten verständlich machen, weil Josef außer der körperlichen Zeugung alles besitzt, was der menschlichen Vaterschaft zu eigen ist. Zweifellos entbehrt auch er nicht der Widersprüchlichkeit; denn er stellt sich parallel zu der jungfräulichen Mutterschaft Mariens. Von dieser nämlich unterscheidet sich die Vaterschaft Josefs ganz wesentlich, weil Maria, obwohl sie Jungfrau war, mitgewirkt hat an der körperlichen Formung des Kindes; das ist bei Josef nicht der Fall. Mit dieser Einschränkung kann man jedoch den Titel »jungfräulicher« Vater zulassen, weil er der Ausnahmestellung Josefs am besten gerecht wird.

Wichtiger als der Titel ist die Wirklichkeit: Man muss anerkennen, dass Josef eine wirkliche Vaterschaft zu eigen war. Wir wissen, dass Jesus ihn als seinen Vater betrachtete und sich ihm gegenüber wie ein Sohn verhielt. Wir besitzen außerdem ein noch direkteres Zeugnis. Maria gab es, als sie ihn im Tempel wiederfand: »Siehe, dein Vater und ich haben dich mit Schmerzen gesucht« (Lk 2,48). Das beweist, dass Josef innerhalb der Familie nie anders als der Vater des Kindes betrachtet wurde.

Wenn aber Jesus Josef als seinen Vater angesehen hat, dann tat er es nicht nach Art einer Einbildung, mit einem »Als-ob«, das nicht der Wirklichkeit entsprach. Josef stand tatsächlich im Rang des Vaters, er war der rechtmäßige Gemahl Mariens, das Haupt einer durch echte Heirat gegründeten Ehe. Darum übte er auch die Autorität eines Vaters aus, bewies väterliche Sorge und Aufopferung und empfing vom Kind eine kindliche Liebe. Wenn Jesus ihn

»Vater« nannte, legte er sein ganzes Kinderherz in diese Anrede, die im väterlichen Herzen Josefs ein schönes Echo weckte.

Gewiss, Jesus hatte den himmlischen Vater, dessen Sohn er von Ewigkeit her war. Man hätte glauben können, es sei ihm unmöglich gewesen, einen menschlichen Vater zu besitzen und ihn als solchen zu lieben und sich seinem väterlichen Einfluss zu unterwerfen. Musste der himmlische Vater mit seiner vollkommenen Vaterschaft nicht ausschließlich der Vater Jesu sein? – Die Menschwerdung hat kundgetan, dass sein Sohn nach seinem Willen einen menschlichen Vater haben und sich von ihm leiten und erziehen lassen sollte. Die Vaterschaft Josefs ist also eins der Wunder, das die Menschwerdung in sich einschließt. Es beweist, in welchem Grad die Menschwerdung vollkommen und in welchem Maß das fleischgewordene Wort ein Kind wie jedes andere war.

Hier offenbart sich das in der Vaterschaft verborgene Geheimnis. Der Handwerker von Nazaret konnte nur deshalb Vater Jesu werden, weil er ein Abbild des himmlischen Vaters war. Für das Kind sollte er den göttlichen Vater darstellen und seine Stelle einnehmen. Weil Josef durch göttliche Wahl vorherbestimmt war, der Gefährte Mariens zu werden, wurde er durch ein geheimes Wirken des Heiligen Geistes auf diese erhabene Sendung vorbereitet. Seine Seele trug die Züge des Vaters im Himmel. Sie war mit einer Güte erfüllt, die die unausschöpfbare Güte des Vaters nachahmte.

Jesus beglückte es, in den Zügen Josefs das Antlitz des himmlischen Vaters aufleuchten zu sehen. Indem er diesen menschlichen Vater liebte, stieg seine Liebe zum ewigen Vater auf, der sich in einem so gewinnenden Abbild ihm darbot.

Gerade die Tatsache, dass er an der physischen Zeugung nicht mitwirkte, betont die Ähnlichkeit mit dem himmlischen Vater, statt sie herabzusetzen. Als jungfräulicher Vater konnte Josef das Abbild eines Vaters sein, dessen Zeugung rein geistig ist. Daran erkennt man die wahren Ausmaße der Vaterschaft Josefs. Sie war schon allein dadurch groß, dass sie dem Sohn Gottes einen menschlichen Vater gab. Die Würde Jesu erhöhte den heiligen Josef auf ungeahnte Weise. Seine Vaterschaft erhält eine unermessliche Größe, weil sie die göttliche Vaterschaft in einem menschlichen Vater vollendet darstellen sollte. Es ist ein überwältigendes Geheimnis, dass das Antlitz Josefs der schönste Ausdruck für das Angesicht des Vaters im Himmel ist, dass Jesus es unaufhörlich mit kindlicher Liebe anschaute und sich dem ewigen Vater zuwandte, wenn sein Blick auf Josef ruhte. Eine demütige, ganz verborgene Vaterschaft wurde zur Darstellung und Weiterführung der erhabensten aller Vaterschaften.

Die Begegnung mit dem Propheten

Als Josef sich mit Maria zum Tempel nach Jerusalem begab, begegnete ihm dort der Greis Simeon. Gewiss erriet er in ihm auf den ersten Blick den Gesandten Gottes. Er sah ihn geradewegs auf das Kind zugehen und verstand, dass diese Begegnung von Gott gefügt war. Versuchen wir, die beiden Männer einige Augenblicke zu betrachten: Josef und Simeon stehen einander gegenüber: Der Blick den sie auf Jesus richten, vereinigt sie.

Simeon stellt die Sehnsucht der messianischen Erwartung des Alten Testamentes dar. Er war einer der Juden, die aus ihrem Glauben lebten und ihre Hoffnung ernst nahmen. »Dieser Mann war gerecht und fromm und wartete auf den Trost Israels«, sagt der heilige Lukas (2,25). Den Trost Israels erwarten hieß, das Glück erwarten, das der Messias bringen sollte. Dieses Glück nannte man Trost, weil es den großen Prüfungen folgen würde, die das Schicksal des jüdischen Volkes gezeichnet hatten. Die Erinnerung an die alten Prüfungen und die Schau der gegenwärtigen begegneten sich in Simeons Bewusstsein, und immer lebhafter ersehnte er die Befreiung. Er trug die ganze Traurigkeit der ihn umgebenden Welt in sich, aber er hatte sich im Laufe der Jahre weder der Verbitterung noch der Entmutigung überlassen, denn er erwartete eine wunderbare Freude, die der Herr seinem Volke verleihen würde.

Er besaß überdies die Gewissheit, dass er persönlich diese Freude verkosten werde. »Vom Heiligen Geist war ihm offenbart worden, er werde den Tod nicht schauen, ehe er den Christus des Herrn gesehen habe« (Lk 2,26). Dieses Privileg beweist nicht allein die Tiefe seines inneren Lebens und die innige Berührung mit dem Heiligen Geist, sondern lässt auch erahnen, bis zu welchem Grad der Heilige Geist die messianische Hoffnung in ihm entfaltet hatte. Diese Hoffnung allein war der Grund seines Lebens. Er wurde sozusagen identisch mit ihr und er würde ganz zufrieden sterben, sobald diese Erwartung durch den Anblick des Messias erfüllt ist.

Vor ihm stand Josef. Auch er war gerecht und fromm. Galt nicht auch für ihn, was von dem durch den Heiligen Geist inspirierten Greis gesagt ist: »Der Heilige Geist ruhte auf ihm«? (Lk 2,25). Wenn der Heilige Geist Simeon auf den Weg des Kindes geführt hatte, dann war er es auch, der Maria und Josef diesen Weg vorgezeichnet und geführt hatte. Mehr noch, hatte der Heilige Geist nicht auch Josef mit der messianischen Hoffnung erfüllt? Lebte dieser nicht einzig dafür? Simeon und Josef fanden sich also durch das gleiche Ideal. Wenn ihre Wege sich in diesem Augenblick kreuzten, so war es für beide das Werk des Heiligen Geistes.

Doch offenbaren sich in dem wesentlich Gemeinsamen auch Verschiedenheiten. Man könnte sagen, dass Simeon die Vergangenheit darstellte, Josef hingegen die Zukunft.

Der an Jahren reich gesegnete Greis war ein herrliches Symbol für die in der Vergangenheit des israelitischen Volkes angestaute Hoffnung. Für ihn bedeutete diese Begegnung ein Ankommen am Ziel. Sie war die Krönung seines Lebens, das Ende seiner irdischen Pilgerschaft. Für Josef dagegen war sie ein Beginn. Er brachte den Messias in dem Bewusstsein zum Tempel, dass sein Einzug das Vorbild einer Besitzergreifung war, die Jesus in einigen Jahren vollziehen würde.

Josef war jung und er wollte die Kräfte seiner Jugend in den Dienst des Erlösers stellen. Simeon, nachdem er das Kind gesehen hatte, wandte sich dem Jenseits zu und sehnte sich nur noch danach, die Erde zu verlassen. Josef verlangte mehr denn je, auf ihr zu bleiben, um sein Leben der Vorbereitung des großen messianischen Werkes zu weihen. Der Heilige Geist, der Simeon das Verlangen nach dem Tode einflößte, verstärkte Josefs Lebensgefühl. Mit Maria hat er als Erster entdeckt, dass das menschliche Leben einen wunderbaren Sinn erhält, wenn man es dem Erlöser weiht.

Als Josef feststellte, wie Simeons Herz vor Glück überquoll, als er das Kind in seine Arme nahm, musste ihm das Glück, das ihm beschert war, tiefer zu Bewusstsein kommen. Nicht nur einmal, sondern oft würde er es in seine Arme nehmen und ihm seine Bewunderung und Liebe bezeigen können. Simeon dankte Gott, weil er dem verheißenen Kind nur einen Augenblick begegnen durfte. Wie oft würde Josef im Laufe seines Lebens ihn preisen, weil er in der Gesellschaft Jesu wohnen durfte! Für ihn würde es nicht eine vorübergehende Begegnung sein, sondern die ständige Vertrautheit aller Tage. Es würde ein immer sich erneuerndes Glück sein, ein Glück, das durch Gewöhnung nichts von seinem Glanz verlor.

Josef war entzückt, als er hörte, wie Simeon das Kind »ein Licht, das die Heiden erleuchtet, und Herrlichkeit für dein Volk Israel« nannte (Lk 2,32). Er hörte nämlich mit stets neuer Freude den Menschen zu, die, wie zuvor die Hirten, das Kind als den Erlöser erkannten. Wenn er in Zukunft Jesus anschaute, wird ihm dieser Ausspruch wieder eingefallen sein. »Licht« und »Ruhm«, diese beiden Worte werden immer neue Freude, immer neues Glück in ihm geweckt haben.

Die Ehrung des Kindes durch den Greis war wohl geeignet, die junge Seele Josefs zu begeistern. Sie half ihm, die Macht und den Glanz zu erkennen, die in der scheinbaren Gebrechlichkeit des Kindes verborgen waren. Die ehrliche Begeisterung Simeons hatte ihm gezeigt, dass die Glut der Hoffnung dem Herzen des Greises unverletzte Jugendlichkeit bewahrt hatte. Diese Hoffnung trug Josefs Jugend so, wie die Vergangenheit die Zukunft nährt.

Aber Simeon hatte noch nicht das Tiefste seiner Schau enthüllt. Als er das Kind erkannte, hatte er mit einem von Gott gegebenen Blick die Zukunft gesehen, die dem Messias bestimmt war. Die glänzende Seite dieser Zukunft war von ihm gepriesen worden. Eine andere, dunklere enthüllte sich ihm nun. Simeon durfte sie nicht verschweigen, wie man es gern tut, um die Eltern des Kindes nicht zu erschrecken. Er wusste, dass er wie die Propheten im Namen Gottes sprach, und fühlte, dass er Träger einer wichtigen Botschaft war. Die göttliche Eingebung ließ ihn sich Maria zuwenden und die prophetischen Worte zu ihr sprechen: »Siehe, dieser ist dazu bestimmt, dass in Israel viele zu Fall kommen und aufgerichtet werden, und er wird ein Zeichen sein, dem widersprochen wird, – und deine Seele wird ein Schwert durchdringen. So sollen die Gedanken vieler Herzen offenbar werden« (Lk 2,34–35).

Als er Maria ansprach, wurde kundgetan, dass sie in besonderer Weise Anteil an dem Widerspruch haben würde, dessen Objekt ihr Sohn sein sollte. *Ihre* Seele sollte mit dem Schwert durchbohrt werden. Simeon deutete nichts an von einem Schmerz Josefs. Aber der Orakelspruch fiel in Josefs Gegenwart. Er traf Josef in der doppelten Liebe, die sein Herz erfüllte, in seiner Liebe zu Jesus und zu Maria. Er konnte nicht schmerzlicher berührt werden. Man kann sich vorstellen, wie er einen Augenblick unbeweglich dastand und sich fragte, ob er die eben vernommenen Worte richtig verstanden hatte.

Wie Maria hatte er über den Dankeshymnus des Greises gestaunt. Nun wird er mit ihr ganz still geworden sein vor der unerwarteten Ankündigung des Schmerzes.

Von nun an sehen seine Augen Jesus und Maria nicht mehr in gleicher Weise wie früher. Mit ihnen zusammen geht er einem Drama entgegen – und er weiß es.

Die messianische Aufgabe vorbereiten heißt, das Leiden derer vorbereiten, die er auf dieser Erde am meisten liebt.

Die Prophezeiung Simeons hat das Leben Josefs in seiner Tiefe auf das erlösende Opfer hin ausgerichtet.

Die erste Opferung

Ein von innerer Erregung erfülltes Schweigen war die Antwort auf die Prophezeiung vom Schwert des Schmerzes gewesen. Nun erfüllten Maria und Josef die Pflicht, die sie zum Tempel geführt hatte, und opferten das Kind dem Herrn.

Jede Erstgeburt galt als Eigentum Gottes und musste nach der Vorschrift des jüdischen Gesetzes von den Eltern losgekauft werden. Viele Eltern kamen dieser Verpflichtung nach, indem sie dem Priester einfach eine Geldsumme auszahlten. Josef und Maria wollten diesem Loskauf seinen tiefen Sinn geben und kamen wirklich zur Darstellung des Kindes in den Tempel. Dadurch bezeugten sie ausdrücklich, dass das Kind dem Herrn gehörte. Sie opferten es dem göttlichen Wohlgefallen und anerkannten Gottes Rechte über das Kind.

Im Licht der Prophezeiung Simeons erhielt dieser Akt der Darstellung eine neue Tragweite. Er glich in keiner Weise dem Tun anderer Eltern, die ihr Kind opferten. Als Josef und Maria Jesus darbrachten, wussten sie, dass sie ihn an ein geheimnisvolles Opfer hingaben, es war ihnen eben angekündigt worden. Dass sie vor der Darstellung von dem Greis angehalten worden waren, hatte Gott selbst gefügt, der wollte, dass ein Opfer daraus würde, dessen

Bedeutung man sich voll und ganz bewusst war. Der Heilige Geist hatte Josef zu der Begegnung mit Simeon nicht nur deshalb geführt, um dem Menschen, der sein Leben lang auf den Erlöser gewartet hatte, eine auserlesene Freude zu schenken, sondern auch, um das Opfer in sein besonderes Licht zu stellen. Es sollte ausdrücklich in eine Darbietung zum Opfer umgewandelt werden. Josef und Maria verstanden, dass der Loskauf des Kindes um den Preis kommender Leiden geschehen sollte. Dieser Preis musste für den Loskauf der Menschheit gegeben werden.

So wurde die Darstellung zur ersten Opferung des Erlösertodes auf Golgota, der dreißig Jahre später wirklich eintrat. Josef wurde mit Maria das Privileg zuteil, diesen Akt vollziehen zu dürfen. Zweifellos kannten sie noch keine Einzelheiten über die Natur dieses Opfers. Sie wussten nicht, dass es ein Tod am Kreuz sein würde. Aber die Vorhersage vom Schwert des Schmerzes gab ausreichend Kunde von der Tiefe des Leids, das Maria empfinden würde. Sie ließ erkennen, dass Jesu ganzes Sein in diesem Opfer einbegriffen sein würde, denn das Innerste der Seele Marias sollte durchbohrt werden. Josef erfasste also die Hauptbedeutung dieses Opfers und im Augenblick der Darstellung des Kindes wandte seine ganze Aufmerksamkeit sich dieser zu befürchtenden Aussicht zu.

Man kann wirklich sagen, dass hier die erste Opferung vollzogen wurde. Später wird Christus ständig sein Opfer auf dem Altar erneuern durch die Priester der Kirche. Jede Opferung wird eine Wiederholung der Darstellung des Erlösers sein, aber dann ist diese Opferung in der Kirche integriert, denn Christus bringt jedes Mal den mystischen Leib in der erlösenden Opferung durch die Messe mit dar.

Es gab zwar noch keine Kirche in dem Augenblick, als Josef die Opferung vornahm. Sie war auch kein priesterlicher Akt: Josef war kein Priester. Indessen enthielt dieser Akt bereits die Hingabe Christi, verbunden mit Josefs und Marias persönlicher Opferung. Josef und Maria vertraten erstmalig alle Glieder des mystischen Leibes, die sich in der Folge mit dem Opfer des Erlösers vereinigen würden. Dadurch wurde in dieser so einfachen, äußerlich ganz gewöhnlichen Zeremonie im Tempel zu Jerusalem schon das Geheimnis der Messe vorgebildet.

Hier enthüllt sich die Größe Josefs in einer neuen Sicht. Priestertum und Eucharistie waren noch nicht eingesetzt, da ließ Josef das Erlösungsopfer zum Himmel aufsteigen. Als erster Vertreter einer Menschheit, die sich mit der Opferung Christi vereinigt, ließ er im Akt der Darstellung sein ganzes Herz mitsprechen, wie die Jünger des Herrn es später tun werden.

Er zögerte nicht einen Augenblick, das Opfer darzubringen, obwohl er die Summe der Leiden, zu denen es führen sollte, sehr wohl erkannte. Er wünschte nur eins: alles zu tun, was in seiner Macht stand, damit Jesus auf die umfassendste Weise »ein Licht, das die Heiden erleuchtet« und »und Herrlichkeit für [das] Volk Israel« sein würde. Was Simeon zuerst erklärt hatte, war durch die schmerzliche Vorhersage nicht ausgelöscht worden, und Josef bewahrte alles in seinem Gedächtnis. Er stellte das Kind dar, damit es dieses Licht und diese Herrlichkeit sein würde, der Erlöser des jüdischen Volkes und aller anderen Völker. Er ging den Weg des Leidens, den Gott zur Erfüllung des Heilswerkes vorgezeichnet hatte.

Als er nach der Darstellung das kleine Kind betrachtete, sah er in ihm nicht allein den stillen, friedlichen Ausdruck, der die Feindseligkeit seiner Widersacher trüben sollte, sondern er schaute in ihm auch das triumphierende Licht, die Ehre, die selbst seine Feinde anerkennen mussten, den Schmerz, der die Welt retten würde. Das will besagen, dass sein Opfer kein resignierender Akt war, sondern ein schwungvolles Tun voll Vertrauen im Optimismus des sich ankündigenden Heils. Die erste Opferung war eine Tat großmütiger Freude, die das Wissen in sich trug, mächtiger zu sein als der Schmerz.

Josef und Maria waren vereint in diesem Akt der Darstellung. Doch ihre Verbindung mit dem kommenden Opfer war nicht die gleiche. Simeon hatte den Unterschied klar herausgestellt. Als er das schmerzvolle Schicksal des Kindes ankündigte, hatte er sich bewusst Maria zugewandt. Ihr war das Schwert vorhergesagt worden. Er hat also geweissagt, bis zu welchem Grad Maria in das Erlösungsopfer einbezogen sein würde. Von einer Teilnahme Josefs an diesem Opfer war nichts gesagt worden. Da die Weissagung von beiden gehört wurde, mussten sie sich der Unterscheidung bewusst gewesen sein. Man kann darin bereits einen Hinweis darauf sehen, dass Josef beim Opfer auf Golgota nicht anwesend sein würde, dass er sterben würde vor dem Vollzug des Kreuzesopfers. Es zeichnet sich darin auch eine genaue Abgrenzung der Sendung Josefs ab. Maria war bestimmt, Miterlöserin zu werden. Nach dem Plan Gottes sollten ihre mütterlichen

Leiden sich mit dem priesterlichen Opfer Christi im Hinblick auf das Heil der Menschheit vereinigen. Ihre mit der Opferung Jesu verbundene Hingabe sollte dazu beitragen, für die Menschen Gnade zu erlangen. Diese unmittelbare Mitwirkung am Erlösungsopfer war ausschließlich Maria vorbehalten. Ihre Seele allein sollte im Hinblick auf die Offenbarung der göttlichen Liebe für eine Anzahl von Menschen mit dem Schwert durchbohrt werden. Die Sendung Josefs schloss diese Mitwirkung nicht ein.

Seine Aufgabe beschränkte sich auf eine entferntere Vorbereitung dieses Opfers. Wir sahen, dass Josef an der Zeugung des Kindes keinen Anteil hatte, selbst seine Einwilligung war nicht gefordert worden. Die väterliche Zustimmung sollte er erst später geben und sie bezog sich nur auf die Ausübung der väterlichen Autorität über das Kind und die damit verbundene Erziehung. So bestand die Aufgabe Josefs darin, Jesus gemeinsam mit Maria auf seine Erlösersendung vorzubereiten. Sobald sie erfüllt sein würde, konnte Josef die Erde verlassen; denn am Fuß des Kreuzes sollte Maria allein stehen.

Darum bedeutete die Darstellung nicht eine Opferung seines persönlichen Schmerzes. Maria dagegen opferte sich selbst mit ihrem Kind. Josef opferte das Kind und den Schmerz Mariens. Er vergaß sich und löschte sich in seiner Hingabe ganz aus: Das war seine persönliche Weise, die Opferung zu vollziehen.

Glauben, ohne zu sehen

Seinen Bericht über die Begegnung mit Simeon und Anna schließt Lukas mit den Worten: »Als seine Eltern alles getan hatten, was das Gesetz des Herrn vorschreibt, kehrten sie nach Galiläa in ihre Stadt Nazaret zurück.« Stadt war etwas zu viel gesagt, um das Dorf Nazaret zu bezeichnen. Als Josefs Augen, die noch erfüllt waren vom leuchtenden Glanz des Tempels zu Jerusalem, sein kleines Dorf sahen, musste er es noch kleiner als gewöhnlich empfinden. Vom Licht schritt er ins Dunkel.

Richtiger gesagt trat er ins Dunkel ein mit dem, der bestimmt war, die Völker zu erleuchten. Dieser Kontrast erfüllte von nun an das Leben Josefs. Viele Jahre hindurch lebte er mit dem Messias in einem Rahmen, der wenig zu einer so großartigen Gegenwart zu passen schien.

Die Stadt Jerusalem als Hauptstadt und Zentrum des jüdischen Kults hätte ihm viel mehr entsprochen. Man hätte sie als Residenz dessen, der das Volk retten sollte, für selbstverständlich gehalten. Nun aber lebte Jesus statt in Jerusalem irgendwo in einem kleinen Städtchen Galiläas, das bis dahin keinerlei Aufmerksamkeit auf sich gezogen hatte. Es wurde vielmehr in der weiteren Umgebung wenig geschätzt. »Kann aus Nazaret etwas Gutes kommen?« (Joh 1,46), wird Natanaël später ausrufen.

Josef indes liebte sein Dorf, und in seiner Liebe verstand er langsam, warum Gott Nazaret gewählt hatte statt anderer Ortschaften, die scheinbar mehr Anspruch darauf erheben konnten, den Messias aufwachsen zu sehen. Darin offenbarte sich die Herrschaft Gottes, der nicht nach menschlichen Normen urteilt, aber es lag in dieser Wahl auch die göttliche Liebe, die einen Erlöser wollte, der dem Volke ganz nahestand, der zu den einfachen und armen Leuten gehörte.

Der Umstand, der später Natanaël verwirrte und ihn einen Augenblick zögern ließ, an Jesus zu glauben, konnte den Glauben Josefs nicht beeinträchtigen. Nazaret war der Rahmen, der dem Messias zukam, weil er die Liebe war.

Dagegen musste die gewöhnliche Lebensweise des Kindes und seine Entwicklung Josef tiefer überraschen und ein Problem für seinen Glauben bedeuten. Mit Recht bewundern alle Eltern die Entfaltung ihrer Kinder. Maria und Josef waren dabei keine Ausnahme. Ein Echo davon findet sich in dem Satz des Evangeliums, der ein rechter Widerhall des Staunens der Jungfrau ist: »Das Kind wuchs heran und wurde stark, erfüllt mit Weisheit und Gottes Gnade ruhte auf ihm« (Lk 2,40). Wie Maria, so hat auch Josef mit bewundernder Freude die Fortschritte des Kindes beobachtet und bemerkte vor allem die Fülle seiner übernatürlichen Gnade. Die Entwicklung vollzog sich jedoch ganz im Stillen. Äußerlich ließ nichts die Sendung des Erlösers erahnen.

Wir wissen, dass Jesus sich nicht von den anderen unterschied, denn zu Beginn des öffentlichen Lebens weigerten sich seine Vettern, an ihn zu glauben. Sie waren sogar der Meinung, dass er den Verstand verloren hatte, und wollten deshalb seine Predigt unterbinden, um ihn nach Hause zu bringen (vgl. Mk 3,21.31). Sie hatten also nichts bemerkt, was ihn vorherbestimmt hätte, aus der Reihe der übrigen Dorfbewohner herauszutreten. Weder seine überragende Intelligenz noch seine vollendete Heiligkeit noch seine Berufung, den Menschen das Heil zu bringen, hatten sich denen geoffenbart, die in seiner Vertrautheit lebten.

Die Reaktion der Bewohner Nazarets ist nicht weniger charakteristisch. Sie waren sprachlos wegen der Worte, die aus seinem Munde kamen, und sagten: »Ist das nicht Josefs Sohn?« (Lk 4,22). Das beweist, dass sie noch nie etwas von der Größe Jesu beobachtet hatten. Das Kind und auch später der junge Mann hatte sich in einer Weise benommen, die normal schien und keinerlei Aufmerksamkeit auf sich zog.

Wenn die Landsleute Jesu und die Mitglieder seiner Familie aufgrund der scheinbaren Normalität seines Verhaltens ihm den Glauben verweigerten, dann errät man, dass das tägliche Leben Jesu den Glauben Josefs auf eine Probe gestellt haben musste. Wir sind manchmal versucht zu glauben, die Tatsache, ständig in der Nähe Jesu zu leben, würde es erleichtern zu glauben. Aber gerade die Vertrautheit mit einem Menschen hindert uns oft daran, seine Größe zu bemerken. Jesus selbst deutet diese Schwierigkeit an, wenn er erklärt: »Amen, ich sage euch, kein Prophet wird in seiner Heimat anerkannt« (Lk 4,24).

Die ständige Vertrautheit mit dem Kind zwang Josef geradezu, mit Anstrengung weiter an seine Zukunft und an seine übermenschliche Größe zu glauben. Im Haus in Nazaret war dieser Glaube zwangsläufig von Dunkel umgeben. Josef musste glauben, dass Jesus viel größer war, als er zu sein schien. Sein Glaube musste in aller Kühnheit die vertraute Wirklichkeit und alles, was er in dieser tagtäglichen Vertrautheit sah, übersteigen.

Josef ließ sich jedoch niemals von diesem Glauben abbringen. Als der Engel ihm das Schicksal des Kindes verkündete, hatte er sogleich mit ganzer Seele geglaubt. In Verbindung mit dem Glauben Mariens festigte und entfaltete sich dieser Glaube durch alle Umstände hindurch immerfort. In der Verborgenheit von Nazaret wuchs dieser Glaube in echter Glut in dem Maß, wie Jesus heranwuchs.

Je länger das verborgene Leben dauerte, umso verdienstvoller wurde dieser Glaube. Josef stützte seinen Glauben auf die grundlegende Offenbarung des Engels, dass Jesus der Erlöser sei. Aber nach und nach, als die Jahre vergingen, musste sein Erstaunen wachsen, weil er nichts sah, was diese Erlösersendung vorbereitete. Selbst nach seinem zwanzigsten Lebensjahr blieb Jesus im Dunkel und übte einen Beruf aus, der nichts gemein hatte mit der Aufgabe des Messias, zu der er doch berufen war.

Hier könnte man sich an die Zweifel erinnern, die im Laufe seines öffentlichen Lebens in Johannes dem Täufer erwachten. Anfangs erkannte der Vorläufer Jesus den Messias und hing ihm an im Glauben und in der Liebe. Aber in der Folge war er überrascht, dass Jesus sich nicht dem ruhmreichen Unternehmen der Eroberung seiner Macht widmete, wodurch er sein messianisches Reich hätte begründen sollen. Er zögert und schickt Boten zu Jesus, die ihn fragen sollen, ob er der verheißene Messias sei (vgl. Mt 11,3; Lk 7,19).

Diese Zweifel Johannes' des Täufers machen Josefs Prüfung in seinem Glauben verständlicher. Während langer Jahre musste er feststellen, dass das Kind oder der junge Mann von Nazaret wenig dem überlieferten Bild eines glorreichen Messias glich. Aber trotz dieser Feststellung, die ein Geheimnis für ihn blieb, zog er niemals in Zweifel, was der Engel ihm verkündigt hatte. Josef verharrte in seinem Glauben und nahm willig an, in Jesus den Messias zu sehen, der sich wesentlich von dem unterschieden hatte, den viele Juden erwarteten.

Sein Glaube war also kein leichter Glaube, der von Versuchungen frei blieb. Josef musste sehr oft und mit wachsendem Eifer sein Glaubensbekenntnis an Jesus erneuern. Er verstand es, im Dunkel, das den Herrn einhüllte, umso glühender an das Licht zu glauben, das die Heiden erleuchten sollte.

Das führte seinen Glauben zu einer immer tieferen Entdeckung der Persönlichkeit Jesu Christi. Er erkannte in ihm den, der die Menschen erlösen sollte, aber diese Befreiung auf eine weit demütigere Weise wirken würde, als die messianische Hoffnung des Volkes es voraussah. Er entdeckte in ihm auch den Sohn Gottes und staunte immer wieder über die göttliche Größe eines so alltäglichen Daseins.

Im Herzen Josefs wie in dem Mariens begann sich der Glaube der Kirche zu bilden. Darum zieht Josef auch uns mit auf den Weg eines tätigen, kühnen, absolut treuen Glaubens, der Christus zum Mittelpunkt hat.

Der Schmerz durch Jesu Verlorengehen

Die Ruhe des Familienlebens in Nazaret erfuhr nur einmal eine Störung. Maria erlebte in ihren Erinnerungen der dreißig Jahre tatsächlich nur ein außergewöhnliches Geschehen, als Jesus zwölf Jahre alt war.

Dieses Ereignis erschütterte sowohl Josef als auch Maria, weil sie das beispielhafte Verhalten des Kindes kannten. Die Feststellung seines Verlorengehens traf sie tief. Jesus hatte seinen Eltern bis dahin noch nie eine unangenehme Überraschung bereitet. Sie dachten, er befände sich bei einer der Pilgergruppen, die demselben Weg folgten. Am Ort, an dem sie übernachteten, hofften sie, ihn zu treffen. Groß war daher ihre Überraschung, als sie ihn nicht kommen sahen. Schließlich mussten sie sich damit abfinden: Jesus war nicht da. Niemand konnte ihnen auch nur die kleinste Auskunft über ihn geben, niemand hatte ihn gesehen.

Man errät leicht die Angst, die sie überfiel, alle Vermutungen, die unwillkürlich aufstiegen, ohne dass sie auch nur eine Erklärung für diese unvermutete Abwesenheit fanden. Josef schrieb sich die größte Schuld zu, weil er das Haupt der Familie war. Der Engel hatte ihm das Kind anvertraut, als er ihn aufforderte, Maria zu sich zu nehmen.

Vor Gott war er verantwortlich für das Kind. Sein Verschwinden musste umso beängstigender auf ihn wirken.

Ob ihm in diesen Stunden die schicksalhafte Prophezeiung Simeons nicht eingefallen war? Josef fragte sich wohl, ob dies nicht die Stunde des Schwertes der Schmerzen sein könnte. Sollte die angekündigte Prüfung schon beginnen? Die Prophezeiung gab Anlass zu den größten Befürchtungen. Mit einem von Unruhe gequälten Herzen nahm Josef am folgenden Morgen nach einer ruhelosen Nacht den Weg nach Jerusalem mit Maria wieder auf. Von Angst getrieben, beeilte er sich, und doch schien ihm die Straße unendlich lang. Er hoffte immer noch, Jesus bei den Pilgergruppen zu finden, die ihnen entgegenkamen, aber auch diese Hoffnung wurde enttäuscht. Von Weitem schon versuchte er die Leute zu erkennen, denen er begegnete, und jedes Mal musste er feststellen, dass die Gestalt seines Kindes nicht dabei war.

Als er die Stadt erreichte, war der Abend angebrochen und die Suche musste auf den folgenden Tag verschoben werden. Die immer quälendere Angst sollte ihm keine friedliche Nachtruhe ermöglichen. Beim Morgengrauen entschied er wohl gleich, mit Maria zum Tempel zu gehen, zunächst, um zu beten, aber auch, um sogleich Jesus zu suchen. Wenn das Kind in Jerusalem war, konnten sie es nirgendwo anders zu finden hoffen als dort.

Welch neue Überraschung, es dann mitten unter den Lehrern zu erblicken! Als sie Jesus bemerkt hatten, näherten sich Josef und Maria, um die Szene zu beobachten. Sprachlos vor Staunen entdeckten sie ihn, wie sie ihn noch nicht kannten. Er fühlte sich sichtlich wohl inmitten der

Lehrer, stellte Fragen und gab Antworten, die Bewunderung weckten.

Im Herzen Josefs wie im Herzen Mariens wich die Angst der Freude. In einem Augenblick schwanden alle trüben, quälenden Gedanken. Sie hatten Jesus wiedergefunden, und zwar unter Umständen, die ihm Ehre machten und berechtigten Elternstolz in ihnen weckten.

Nachdem sie eine Weile das Verhalten Jesu beobachtet hatten, fragte Maria ihn, warum er seinen Eltern diesen Kummer gemacht hatte. Josef schaute dieses Kind wohl mit staunenden Augen weiter an. Es hatte ihm großen Schmerz bereitet, umso angenehmer war diese Überraschung.

Diese charakteristische Begebenheit ließ Josef den Schmerz und die Freude kennenlernen, die das Leben der Vertrautheit mit Jesus einschloss. Jesus ist der Erlöser. Das Leiden, von dem Simeon sprach, musste notwendig einen bedeutenden Platz in diesem Leben einnehmen. Wer in Jesu Gesellschaft lebt, muss sich auf schmerzliche Stunden gefasst machen, wenn er auch sicher sein kann, dass die dunklen Augenblicke in umso tieferer Freude enden.

In einer besonderen Weise erlebte Josef so die Seelenverfassung derer, die das Empfinden, die Gegenwart Jesu verloren zu haben, in Verwirrung bringt. Der Verlust Jesu im Tempel bestätigt die Not der Seelen, die ihm am ähnlichsten sind und seine Abwesenheit nacherleben. Wie im Falle Josefs wird diese Abwesenheit für sie oft plötzlich ganz überraschend fühlbar; während in Wirklichkeit Gott es so gewollt hat, um die Seele tiefer auf den Erlöser auszurichten und in die Mitte der Vertrautheit das Opfer zu stellen, glauben sie, schuld am Verlust der fühlbaren Gegenwart Jesu zu sein.

Menschen, die wie Josef von der Liebe Christi leben und das Ideal in sich tragen, mit ihm verbunden zu bleiben, leiden am meisten unter der Abwesenheit Jesu. Sie haben die Freuden dieser einzigartigen Vertrautheit auf Erden erlebt und haben verstanden, dass sie das tiefste Glück der Seele ist, und schmerzliches Erstaunen erfasst sie, wenn dieses innere Glück ihnen zu entgleiten und Christus fern zu sein scheint. Wie Josef sich plötzlich allein gefühlt hat, als er die Abwesenheit Jesu feststellte, wie er begriff, dass ein ganzer Teil seines Wesens ihm gleichsam entrissen war, so werden auch diese Seelen sich einer schmerzlichen Einsamkeit bewusst, weil ihnen fehlt, was ihnen am teuersten ist.

Das Erlebnis zeigt klar, dass ein von Jesus gelenkter Wille sich dahinter verbarg. Jesus hat seinen Eltern diesen Kummer bewusst zugefügt. Er verhielt sich nicht mehr wie ein seinen Eltern gehorsames Kind, sondern wie der Messias. Um die Verheißung Simeons zu bestätigen und um Maria im Voraus in das Erlösungsopfer einzubeziehen, ließ er sie eine Prüfung erleiden, die jene von Golgota vorbildete: Drei Tage ging ihr Kind verloren, damit es im Hause seines Vaters weilen konnte. Josef war nicht erwählt worden, am Drama von Golgota teilzuhaben, aber einen Vorgeschmack von dem Kommenden musste er mit diesem Erlebnis erhalten. Außerdem beinhaltete die Antwort Jesu auf die Frage Mariens eine überraschende Aufforderung für ihn, in seiner Person zurückzutreten. Tatsächlich hatte Maria in ihrer Frage Josef ausdrücklich erwähnt: »Dein Vater und ich …« (Lk 2,48). Und das Kind – indem es dem irdischen Vater den himmlischen gegenüberstellte – hatte geantwortet: »Warum habt ihr mich gesucht? Wusstet ihr nicht, dass ich in dem sein muss, was meinem Vater gehört?« (Lk 2,49). Dies legte Josef nahe, vor einem Vater, der größer war als er, zurückzutreten.

Auf diese Weise wurde Josef dem wichtigen Gesetz der Selbstverleugnung unterworfen, das Christus allen, die ihm anhängen, auferlegt. Wenn er die Qual des Kreuzesopfers auch nicht verkosten konnte, so nahm er innerlich an seinem Opfer teil. Das war ein verborgeneres, aber nicht weniger wirkliches Kreuz. Seit dem Verlust des zwölfjährigen Jesus verstand er immer mehr, dass das Kind sich ihm entzog. Im Geheimnis einer Antwort, die er nicht sofort verstand, ahnte er bereits, dass er als Vater eines Tages aus dem Leben Jesu scheiden müsste, damit nur der himmlische Vater als Vater Jesu in Erscheinung treten könnte.

Dieses Zurücktreten hat er gerne hingenommen. In seiner Liebe freute er sich sogar, Christus heranwachsen zu sehen, indem er selbst abnahm. Josef suchte nämlich nicht sich selbst, sondern seine ganze Freude fand er in der Entfaltung des Messias, der ihm anvertraut war.

Der Erzieher

Das Verlorengehen Jesu stellte nur eine kurze Episode im Leben des Erlösers dar. Unmittelbar nach dem Ereignis folgte das Kind wieder seinen Eltern. »Dann kehrte er mit ihnen nach Nazaret zurück und war ihnen gehorsam« (Lk 2,51).

Die Aussage »Er war ihnen gehorsam« gibt den Eindruck wieder, den Maria von der Haltung Jesu während seines Lebens in Nazaret gehabt hat. Er tritt im Gegensatz zu der vorher erzählten Begebenheit umso mehr hervor. Jesus hatte sich dem Gehorsam entzogen, als er plötzlich im Bewusstsein seiner Erlösersendung handelte. Aber das war nur eine als Ausnahme vom Vater im Himmel gewollte Abweichung. Gewöhnlich handelte das Kind in auffallender Fügsamkeit.

Diese Fügsamkeit bekundete Jesus nicht nur gegenüber Maria, sondern auch gegenüber Josef. Das ermöglichte es Josef, seiner Pflicht als Erzieher nachzukommen und seine väterliche Aufgabe zu erfüllen.

Der Titel »Erzieher« ist Josefs größte Ehre gewesen und drückt seine edelste Aufgabe aus. Für jeden Familienvater ist es ehrenvoll, Erzieher zu sein, junge Menschen, die zu ihm gehören, auf ihre Lebensaufgabe vorzubereiten. Durch seine Erziehung übt er einen bestimmenden Einfluss auf die Seele seiner Kinder aus. Es gibt nichts Höheres, als an der Formung des menschlichen Geistes, des Herzens und des Charakters mitzuwirken. Das ist der größte Vertrauensbeweis, den Gott den Menschen geben kann.

Für Josef war dieser Vertrauensbeweis noch weit größer, da er sich gemeinsam mit Maria der Erziehung des Gottessohnes widmen sollte. Seinem Einfluss sollte die Seele des Mensch gewordenen Gottessohnes unterworfen sein: Das Herz, das er auf eine überwältigende Sendung vorbereiten sollte, war das Herz des Erlösers der Menschheit.

Man wird nie aufhören können, darüber zu staunen, dass Gott vom Menschen hat lernen wollen. Gewisse Geister können sich nicht entschließen zuzugeben, dass Christus sich wirklich durch menschliche Kontakte hat belehren lassen wollen, dass er durch diesen Kontakt eine Ergänzung seiner Bildung erhalten hat. Es kommt ihnen entwürdigend vor, dass er in seiner Eigenschaft als Sohn Gottes eine seelische Bereicherung von anderen hat empfangen können. Das Geheimnis der Menschwerdung schließt diese bestürzende Wahrheit ein, dass eine göttliche Person eine menschliche Natur und eine menschliche Existenz unter normalen Bedingungen hat annehmen wollen. Um vollkommen Mensch zu werden, ist das ewige Wort Kind geworden und hat sich den Bedingungen des Kindseins unterworfen.

Das Kind aber bildet sich schrittweise und erfährt tief den Einfluss seiner Umgebung – besonders der Familie – und erhält seine Erziehung durch die Eltern.

Josef war nicht nur scheinbar Erzieher, sondern er musste sich tatsächlich dieser bedeutungsvollen Aufgabe unterziehen. Und Jesus ließ sich nicht nur scheinbar erziehen, sondern Josef trug zur Entfaltung seiner Persönlichkeit tatsächlich bei.

Gewiss hatte auch Maria ihren Anteil an seiner Erziehung. Da sie einen leichteren Zugang zur Seele des Kindes besaß, übte sie einen noch tieferen Einfluss auf ihn aus. Ihre Seele war reicher, mit feineren Fähigkeiten ausgestattet, von unvergleichlicher Erhabenheit des Gefühlslebens. Die durchdringende Strahlkraft ihres Wesens war wie geschaffen, eine solch zarte Aufgabe zu lösen. Aber das nützliche Gegengewicht des männlichen Einflusses machte Josefs Aufgabe unersetzlich. Seine Pflicht war es, den Charakter Jesu männlich zu formen.

Könnte man nicht doch die Frage stellen, ob Josef den Jesusknaben wirklich so viel lehren konnte? Er hatte keine Studien gemacht, seine Kenntnisse beschränkten sich auf das, was die Handwerker seines Dorfes wussten. Auch seine religiöse Bildung musste ziemlich einfach gewesen sein. Aber gerade dadurch wird uns klar, dass das Wesentliche in der Erziehung von der Persönlichkeit dessen abhängt, der sie vermittelt. Erziehung ist vornehmlich Vermittlung, im Wesentlichen Vermittlung der Seelenhaltung.

Die seelischen Vorzüge Josefs berechtigten ihn also zu dieser Stellung. Es glitt sozusagen aus seiner Seele etwas in die Seele Jesu, um dort Gestalt anzunehmen. Der Ausruf der Bewohner Nazarets »Ist das nicht Josefs Sohn?« (Lk 4,22) drückt die Wahrheit in einer Tiefe aus, die sie nicht bedachten: Jesus ließ sich durch den Kontakt mit Josef bis auf den Grund seiner Gedanken und Empfindungen beeinflussen.

Im Falle Josefs musste die Aufgabe der Erziehung mit viel Takt gelöst werden. Schon in der gewöhnlichen Ordnung bedeutet »erziehen« nicht, sich dem Kind in einem Grad aufzwingen, dass seine Persönlichkeit durch die des Erziehers ersetzt und so seine Entwicklung gehemmt wird. Die Erziehung soll ihr zwar einen Rahmen und einen Mittelpunkt geben, aber sie zielt dahin, dass das Kind immer mehr es selbst wird seinen Anlagen entsprechend. Sie bildet es, indem sie ihm ermöglicht, sich selbst im guten Sinne zu bilden.

Nun trug Jesus mehr als jedes andere Kind die Fähigkeit in sich, sich zu entwickeln und selbst zu formen. Was der Engel von dem wunderbaren Ursprung des Kindes und von seiner Bestimmung gesagt hatte, hat Josef bewiesen, dass die Persönlichkeit Jesu seine eigene bei Weitem überragte. In diesem Kind musste ein unerforschliches Geheimnis ehrfürchtig beachtet werden. Josef hatte verstanden, dass seine Erzieheraufgabe darin bestand, dem Kind alles zu vermitteln, was ihm zur Entfaltung seiner geheimnisvollen Persönlichkeit dienlich sein könnte.

Diese Pflicht wurde erleichtert durch die Vollkommenheit Jesu, die jede Korrektur ausschloss. Josef brauchte niemals einen Fehler zu tadeln. Er hatte die Entwicklung seiner guten Eigenschaften nur zu begünstigen und zu ermutigen.

Aber man kann sich auch denken, dass die erzieherische Aufgabe Josefs, die in dieser Hinsicht leichter war, von ihm eine viel höhere moralische Vollkommenheit forderte. Er musste ein der Nachahmung würdiges Beispiel sein für den, der die Heiligkeit selbst war.

Ob die Einwirkung zu erraten ist, die in diesem seelischen Austausch zwischen Josef und Jesus das Kind am tiefsten prägte? Das Innerste der Seele Christi hat sich uns im Evangelium durch seine Beziehung zum himmlischen Vater offenbart. So können wir mit Recht annehmen, dass Josef und Maria in dieser Hinsicht den größten Einfluss auf die Haltung des Kindes gehabt haben.

Gewiss stand Jesus in einem ganz besonderen Verhältnis zum Vater und er konnte selbst den Ton finden, der seiner Beziehung zu ihm entsprach. Jedoch beobachtete er an Josef die natürliche Art des Verhaltens Gott gegenüber, sah, wie er ihm Anbetung und Liebe erwies und sich seinem Willen in den tausend Einzelheiten des Alltags überließ.

Josef brauchte ihn die Liebe zum himmlischen Vater nicht zu lehren, aber er konnte ihn in die menschliche Art, sich an den Vater zu wenden und ihn zu ehren, er konnte ihn in die sichtbaren Arten des Kultes und der Frömmigkeit einführen. Das ganze Leben Josefs war dem Dienst Gottes geweiht. Diese Grundhaltung, die all seine Handlungen leitete, musste Jesus beeindrucken und es ihm erleichtern, dem Vater seine Folgsamkeit und Liebe in der menschlichen Ausdrucksweise der jüdischen Frömmigkeit zu bezeugen. Dadurch wirkte Josef mit an der Formung des Kostbarsten in Jesus: dem Aufschwung seiner menschlichen Natur zum Vater im Himmel.

Josef als vollkommener Erzieher stellt uns die wunderbare Schönheit der Erzieheraufgabe vor Augen. Und sein Beispiel beweist, dass es keine größere Aufgabe gibt als diejenige, die Seele eines Kindes zu lehren, sich zu Gott zu erheben.

Der erste Jünger Jesu

Als Jesus inmitten der Lehrer im Tempel saß, hörte er zu, aber er fragte auch. Er hörte zu wie ein Schüler. Wenn er aber Fragen stellte oder antwortete, dann zeigte sich schon der Lehrer in ihm. Die Überlegenheit seines Verstandes setzte seine Zuhörer in Erstaunen.

Josef gegenüber unterschied sich Jesu Haltung sicher von jener, die er vor den Lehrern des jüdischen Gesetzes angenommen hatte. Aber sie zeigte doch den Doppelcharakter: Das Kind hörte zu, ließ sich von ihm belehren und formen und verstand es andererseits, Fragen zu stellen, die ein ganzes Lehrgebäude enthielten, oder Antworten zu geben, die ganz neue Perspektiven eröffneten. Der Lehrer in ihm kündigte sich bereits im zartesten Alter an.

So wurde denn Josef als beglaubigter Erzieher Jesu sein erster Schüler. Man muss wohl beachten, dass in jeder Erziehung ein ähnlicher Austausch vor sich geht. Obwohl jedes Kind im Kontakt mit den Eltern wesentlich zu lernen hat, lehrt es sie doch auch etwas. Es verlangt von ihnen, das Weltall mit neuen Augen anzusehen. Es lässt sie an gewissen allzu banal beurteilten Wirklichkeiten interessante Seiten entdecken, die man überhaupt nicht in Betracht gezogen hatte. Durch seine Warum-Fragen zwingt es sie, ihre Bemerkungen über alles, was sie umgibt, zu vertiefen.

Im Falle Jesu handelte es sich nicht nur einfach um den Blick eines Kindes, das mit einer neuen und frischen Einsicht seinen Eltern andere Gesichtspunkte für die Beurteilung der Welt vermittelte. In seinen Worten und alltäglichen Haltungen offenbarte sich die übernatürliche Sicht aller Dinge. Die Botschaft, die er der Welt vermitteln sollte, drückte sich in seiner ganzen Handlungsweise aus. Die Kunst des Lehrens, die später in seinem öffentlichen Leben hervortrat – eine ganze Lehre in einem Wort zusammenzufassen –, besaß er von Anfang an. Und in seinen Kinderworten, die übrigens wirklich Worte eines Kindes waren, leuchtete ein diskretes, aber tiefes Lehren auf.

Je mehr Jesus heranwuchs, umso mehr entfaltete sich seine übernatürliche Weisheit; die ihn anregte, sich mitzuteilen. Das Evangelium hat uns ein Zeugnis bewahrt, in dem Maria ihren Eindruck von der Entfaltung des Kindes ausdrückte: Sie fand seine sich immer mehr festigende Weisheit am wunderbarsten. Als sie vom Wachstum Jesu erzählt, erwähnt sie an erster Stelle: »Jesus aber wuchs heran und seine Weisheit nahm zu und er fand Gefallen bei Gott und den Menschen« (Lk 2,52).

Josef bewunderte diese stets wachsende Weisheit sicher nicht weniger als Maria. Still begab er sich in die Schule des Kindes und des jungen Mannes. Wenn seine Autorität und Erzieheraufgabe einen Einfluss auf Jesus ausübten, so beeinflusste Jesus auch seinen Vater auf Erden tief.

Nicht als ob Jesus sein Lehramt bereits in Nazaret begonnen hätte! Selbst als erwachsener Sohn machte er sich nicht zum Lehrer vor seinen Eltern, noch legte er ihnen die Lehre dar, die er der Welt zu offenbaren hatte. Im Familien- oder Dorflebes drückte er ganz gelegentlich den einen oder anderen Gedanken aus, der seine weite Sicht kundtat. Es waren vor allem Jesu Gegenwart und sein Beispiel, die seine Lehre offenbarten. Jesus war vielmehr Lehrer durch das, was er war, als durch das, was er sagte. Im öffentlichen Leben wird er jenen, die seine Jünger werden wollen, raten: »Kommt und seht!« (Joh 1,39). Als er die Apostel beruft, will er vor allem, dass sie mit ihm seien (vgl. Mk 3,14). Zuerst sollen sie in seiner Gesellschaft leben, um sich von seinem Wesen durchstrahlen zu lassen.

Das gilt auch für Josef. Im Unterschied zu den Aposteln sollte er nicht die Lehre des Erlösers anhören, sondern durch die Nähe Jesu in jedem Augenblick das Wesentliche seiner Botschaft erfahren.

So seltsam es auch scheinen mag, Josef hatte kaum Mühe, seine Autorität als Haupt der Familie mit der Gelehrigkeit des Jüngers in Einklang zu bringen. Er befahl in den Dingen des äußeren Bereichs, während Jesus ihn innerlich beeinflusste.

Mit seiner widerstandslos offenen Seele war Josef für Jesus ein idealer Jünger. Bevor er die Erfahrung machte, auf die das Gleichnis vom Sämann hinweist – des unfruchtbaren und felsigen Erdreichs, das den Samen nicht eindringen lässt oder nur ein kümmerliches Aufsprießen ermöglicht –, hat Jesus in Josef und Maria ein äußerst aufnahmebereites Erdreich gefunden, fähig zu hundertfältiger Frucht. Nichts von der Weisheit, die noch in dem göttlichen Lehrer verborgen war, entging Josef.

Mit Jesus sah er die Welt mit anderen Augen. Er war in der Mentalität des Alten Testamentes geformt worden und gehörte einer Zeit mit ihrer Anschauung an, die dabei war, sich zu verändern. Mit dieser neuen Haltung war Jesus nicht engstirnig und unbeweglich, wie sich später die Pharisäer bei der Predigt Jesu zeigten. Er nahm mit stiller Begeisterung die Denkweise des Neuen Testamentes in sich auf.

Gewiss bestand zwischen beiden Mentalitäten ein Gegensatz, den Jesus eines Tages klar herausstellen sollte: »Ihr habt gehört, dass zu den Alten gesagt worden ist [...]. Ich aber sage euch [...]« (Mt 5,21–22). Aber was der Meister vorlegen wollte, war nichts anderes als die Vollendung und die Reife all dessen, was in der Tradition des Judentums als Bestes vorhanden war. Daher nahm Josef auch die Bemerkungen, die er von Jesus hörte, gerne an. Er spürte, wie sehr sie seiner tiefsten religiösen Sehnsucht Ausdruck verliehen.

Diese Ausweitung trat im Bereich der Nächstenliebe stark hervor. Das ganze Verhalten Jesu seiner Umgebung gegenüber, seine Begegnungen mit den Menschen, auch mit jenen, von denen man in seiner Gegenwart sprach, war zutiefst von Wohlwollen durchdrungen. Eine Feindseligkeit nahm er weder an noch teilte er sie. Er erwies allen Sympathie, auch den Fremden. Sein Herz blieb unzugänglich für jeden Groll und verzieh sofort das Unrecht, das ihm geschah. Er stand über allem Nationalhass und aller nationalen Rivalität. Er erwies sein Wohlwollen sogar den Soldaten der Besatzungsarmee.

Josef hatte die Worte des Alten Testamentes »Auge für Auge« (Mt 5,38) gehört und kannte das sehr begrenzte

Gesetz der Liebe: »Du sollst deinen Nächsten lieben und deinen Feind hassen« (vgl. Ex 21,24). Er musste eine wahre Befreiung empfunden haben, als die Unermesslichkeit der Liebe ihm im Herzen des Erlösers aufleuchtete. Er empfand das Verlangen nach der gleichen Universalität der Liebe, denn auch er wollte niemanden aus seinem Wohlwollen ausschließen und wünschte freundschaftliche Beziehungen zu allen. Wie glücklich machte es ihn, eine so viel größere Liebe kennenzulernen! Sie sollte von nun an nach dem Willen Jesu die Menschen miteinander verbinden.

So gingen im täglichen Nebeneinander die Reichtümer der Lehre und der Liebe des Herzens Jesu unmerklich in das Herz seines ersten Jüngers über. Josef, der sich diesem Einfluss öffnete, wandelte sich mehr und mehr um, während seine Seele mehr und mehr erfüllt wurde von der echtesten christlichen Vollkommenheit.

Der Arbeiter

Josef war eine außergewöhnliche Berufung zuteilgeworden. Fragt man sich aber, was er eigentlich tagtäglich tat, so könnte man erstaunt sein über sein Leben, das einer ganz gewöhnlichen Arbeit gewidmet war, der Ausübung eines Handwerks, das an sich keine besondere Würde hatte.

Er war den Bewohnern Nazarets als Zimmermann bekannt. Das besagt, dass Josef mit Holz umging. Er war ein kleiner Handwerker. In seinem Dorf hat ihm dieser Beruf sicher kein Ansehen und keine besondere Achtung eingebracht, denn um den messianischen Anspruch Jesu zurückzuweisen, hob man hervor: »Ist das nicht der Sohn des Zimmermanns?« (Mt 13,55).

Eher hätte man verstanden, wenn der Vater des Messias ein Intellektueller gewesen wäre, etwa ein Lehrer des Gesetzes. Seine Studien hätten ihn dann befähigt, seinen Sohn auf das Lehramt vorzubereiten. Die Öffentlichkeit hätte seine Berufung unter diesen Umständen für weniger unwahrscheinlich gehalten. Der Beruf des Zimmermanns machte sowohl Josef wie auch Jesus in den Augen der Menschen unglaubwürdig.

In Wirklichkeit jedoch bewahrheitete sich das Wort des heiligen Paulus: »Denn das Törichte an Gott ist weiser als die Menschen und das Schwache an Gott ist stärker als die Menschen« (1 Kor 1,25). In einer Weisheit, die alle menschlichen Bewertungen umwirft, hatte Gott dem Erzieher des Erlösers den Beruf des Zimmermanns gegeben. In den Augen Gottes zählen Adelstitel, die sich von denen, die Menschen verleihen, sehr unterscheiden. Die Arbeit des Zimmermanns war solch ein göttlicher Adelstitel.

Hier offenbart sich, welchen Wert Gott der Arbeit des Menschen, auch der einfachsten und gewöhnlichsten, zuerkennt. Als er für Josef und Jesus ein Handwerk bestimmte, wollte er diese Art Arbeit, die mehr als eine andere unterschätzt und verachtet wird, wieder zur Wertschätzung bringen. Gott bekundete so seine Hochachtung vor den unterschiedlichen einfachen Beschäftigungen.

In Josef ist also jede Arbeit geehrt worden. Ganz besonders wurde durch den Zimmermann von Nazaret die hohe Würde aller Handwerker und Arbeiter hervorgehoben.

Die Kirche hat diese echte Auffassung bestätigt, indem sie das Fest »Josef der Arbeiter« eingesetzt hat. Dadurch hat sie Josef zukommen lassen, was ihm gebührt: Im göttlichen Plan war das Handwerk Josefs, das auch Jesus zum Arbeiterstand bestimmte, der Ursprung des neuen Adels der menschlichen Arbeit.

Nicht weniger bezeichnend ist die Tatsache, dass die von Josef ausgeführte Arbeit keine außergewöhnliche Kompetenz, auch nicht mehr als mittelmäßige Intelligenz erforderte. Josef tat seine Pflicht gewissenhaft, aber ohne eine Geschicklichkeit, die die Aufmerksamkeit auf sich gelenkt hätte. Er war ein Zimmermann wie jeder andere. Äußerlich glich seine Arbeit in allem der Arbeit der anderen Arbeiter seines Fachs. Man könnte fast die Behauptung wagen, dass gerade das Bemerkenswerteste an seiner Arbeit war, dass ihr das Besondere fehlte.

So wurde in ihm die Arbeit all derer groß und geehrt, die ihr Möglichstes in der Pflichterfüllung leisten, ohne besonders begabt zu sein: die Arbeit derer, die bei aller Anstrengung nur bescheidenen Erfolg haben, die Arbeit, die weder gelobt noch bewundert wird, die Arbeit der großen Masse von Arbeitern, die man nicht beachtet, weil man sie einfach für selbstverständlich hält. In Josef stellt sich die ungeheure Menge der Anonymen dar, deren Arbeit die geschichtliche Entwicklung der Menschheit fördert, die Kultur ständig hebt und nach und nach die Bedingungen des Wohlstandes für alle erhöht.

Neben den großen Namen derer, die im Gedächtnis der Menschen weiterleben, weil sie eine führende Rolle in der Geschichte gespielt haben oder durch Erfindungen berühmt geworden sind, steht die unermessliche Mehrzahl der Menschen, die im Schatten leben, die nichts erfunden haben, weil sie keine Gelegenheit dazu hatten oder ihnen einfach die Fähigkeit dazu fehlte, die dennoch eine Arbeit zum Wohl der menschlichen Gesellschaft leisten. Ihr Vorbild ist Josef. Für sie ist er da, um ihren demütigen Arbeiterstolz zu stärken.

Das äußere Tun Josefs zog die Aufmerksamkeit nicht auf sich. In den Augen Gottes jedoch verlieh die Seelenhaltung, in der es sich vollzog, ihm den einzigartigen Wert. Das, was man tut, ist für Gott weniger wichtig als die Art, wie man es tut. Wertvoll wird eine Arbeit vor allem durch die innere Einstellung und die persönliche Tugend.

Es ist sicher so, dass Josef durch seine Arbeit zunächst den Lebensunterhalt für seine Familie sichern wollte. Er musste arbeiten, um sein Brot zu verdienen. Gott hatte ihn nicht zu einem jener Privilegierten gemacht, die es nicht nötig haben zu arbeiten. Er lebte in gewöhnlichen Verhältnissen und musste mit seiner Hände Arbeit für Jesus und Maria sorgen.

Aber gerade durch den Eifer in seiner Arbeit konnte sich seine innige Liebe zu diesen beiden Menschen auswirken. Für ihn selbst war es eine Freude und ein Halt, für sie arbeiten zu dürfen. Seine Arbeit als Zimmermann wurde von der lebendigen Liebe zu seiner Familie angeregt und geprägt. Josef ist das Vorbild aller Arbeiter, die aus ihrer Mühe eine Gabe der Liebe machen für die Familie, die ihnen anvertraut ist.

Außerdem wollte Josef aber auch dem Dorf dienen. Seine Arbeit war für ihn gewiss nicht allein eine notwendige Maßnahme, um sein Brot zu verdienen und seine Familie zu ernähren. Er tat sie mit aller ihm nur möglichen Geschicklichkeit und Zuverlässigkeit, um allen, die ihn darum baten, möglichst gut zu helfen. Es lag ihm am Herzen, gute Arbeit zu leisten. Wer denkt da nicht an die Arbeiter, die mit echtem Fleiß ihre Pflicht erfüllen, weil sie den Erwartungen, die man auf sie setzt, entsprechen möchten?

Josef wollte durch seine Arbeit den Nächsten befriedigen und ihm möglichst nützlich sein, weil er ihn liebte.

Vor allen Dingen jedoch lag ihm daran, Gott zu gefallen. Seine Arbeit war eine Huldigung an Gott, eine Art Kult, der sich der Tätigkeit des Tages bediente, denn Josef war sich bewusst, mit seiner Arbeit Gottes Willen zu erfüllen.

Weil er seine Arbeit als von Gott gewollt ansah, konnte er sie nicht einfach als eine Folge der Sünde betrachten. Er kannte zwar Gottes Wort, als Adam in Sünden gefallen war: »Im Schweiße deines Angesichtes wirst du dein Brot essen« (Gen 3,19), dennoch widerstrebte es ihm, in der Arbeit, selbst in der mühevollsten, eine Ungnade zu sehen. Sie gab vielmehr seinem Leben Würde. Stand Jesus nicht neben ihm, um gleich ihm die Arbeit zu erlernen? Sollte ihn das nicht in seiner guten Auffassung von der Arbeit bestärken? Er, der zukünftige Erlöser der Menschheit, verschrieb sich der Arbeit eines Zimmermanns. Zeigte er dadurch nicht, dass die Arbeit ein Mittel der Erlösung und des Heiles sein soll? Wenn sie Mühe und Ärger mitbrachte, bereitete sie umso besser auf das von Simeon angekündigte Drama vor und verlieh ihr eine neue Würde.

Josef wollte im Hinblick auf das Heil der Menschen arbeiten. Man hat ihn gelegentlich dargestellt, wie er ein Kreuz zimmert. Es ist sehr wenig wahrscheinlich, dass er es in Wirklichkeit tat. Aber zutiefst bleibt das Bild wahr: Seine Arbeit hat das Kreuz bereitet, weil sie eine Opfergabe für das Heil der Menschen, eine erste Teilnahme am Erlösungsopfer war.

Josef weist hin auf die Größe der Leiden, die aller menschlichen Arbeit zu eigen sind. Sie tragen zu einer besseren Zukunft der Menschheit bei.

Der Kontemplative

Auf den ersten Blick scheinen Arbeit und Kontemplation sich zu widersprechen. So denkt man bei der Bezeichnung »kontemplativ« leicht an das Leben von Menschen, die fern von der Betriebsamkeit der Welt sich dem Gebet widmen. Nun aber hat Josef sein Leben nicht abseits und zurückgezogen von der menschlichen Gesellschaft geführt. Er ist nie – wie etwa Johannes der Täufer – mit seinen Jüngern in die Wüste gegangen, um näher bei Gott zu sein. Sein Leben war mit Arbeit ausgefüllt, um für sich selbst und die Seinen den Lebensunterhalt zu verdienen. Es glich in dem Dorf Nazaret ganz dem seiner Nachbarn.

Niemand hätte ihn auch nur im Traum für einen Kontemplativen gehalten. Scheuen nicht auch wir jetzt noch zurück, ihm einen Titel zuzuerkennen, der viel besser dem heiligen Johannes vom Kreuz und der heiligen Teresa von Ávila entspricht?

Indessen war Josef ein ganz und gar beschaulicher Mensch, wenn auch viel mehr im Grund der Seele als durch die äußere Haltung. Er war beschaulich bei der Arbeit, in Gesellschaft der Seinen zu Hause, in einem Leben, das ihn ständig mit anderen Menschen in Berührung brachte. Er blieb freilich zeitlebens in einem kleinen, von Hügeln umgebenen Dorf, aber sein Blick ließ sich innerhalb dieser Grenzen nicht beschränken: Er verstand es, ihn nach oben zu richten. Überall suchte er Gott und in seiner Sammlung hielt er an ihm fest.

Die Arbeit lenkte diesen Blick nicht ab, sie hat ihm vielmehr zu einer tieferen Schau verholfen. Während seine Hände arbeiteten, konnte sein Sinnen sich mühelos dem Herrn zuwenden und ihm seine Liebe erweisen. Ganz einfach gesagt: Er arbeitete in Gottes Gegenwart, er war sich bewusst, vor ihm zu stehen.

Beschauung besteht tatsächlich nicht in einer Anspannung des Geistes, sondern vielmehr in der Einfachheit des in Gott ruhenden Blicks. Sie verlangt weder eine Vielfalt von Gedanken und Empfindungen noch Formeln, um sie auszudrücken. Es genügt das lebhafte oder verhaltene Empfinden der alles erfüllenden Gegenwart Gottes. In dieser Gegenwart bedeutet sie friedliche Gelassenheit und schweigendes Eingehen in eine innige Vertrautheit.

Den ersten Schritt tut immer Gott. Diese Vertrautheit wurde Josef geschenkt. Er ließ sich von ihr erfassen und hat das Unaussprechliche dieser Vertrautheit verkostet. Unsagbar sanft und ausdauernd war sein Wille, in ihr zu verweilen.

An sich drückt die Bezeichnung »Beschauung« eine Denktätigkeit aus, aber im weitesten Sinne, wie man sie im geistlichen Leben versteht. Der in der Beschauung Verweilende vereinigt sein ganzes Wesen mit Gott in einer fortgesetzten Berührung mit ihm: Nicht nur sein Verstand, auch Wille und Herz, Einbildungs- und Liebeskraft sind daran beteiligt. Die Beschauung Josefs war nicht so sehr eine intellektuelle Anstrengung, sondern im

Wesentlichen affektiv: Sie bestand in aus einem Gott-Angehören, das sich seiner mehr und mehr bemächtigte und sein ganzes Wesen durchdrang.

Diese kontemplative Haltung hielt ihn nicht von der Tätigkeit und Arbeit ab. Dieses zart verschwiegene Denken an Gott, dieses Getragenwerden von seiner Gegenwart und Liebe konnten Josef nicht daran hindern, die ihm aufgetragenen Pflichten treu zu erfüllen. Ganz im Gegenteil: Die Beschauung weckte in ihm die Kraft, mit größter Energie an seine Aufgaben heranzugehen. Sie war von der Art, die eine tiefe Begeisterung aufsteigen lässt, die Arbeit leicht macht und unaufhörlich neuen Mut verleiht. Indem er sich der göttlichen Gegenwart überließ, lieferte Josef sich der Allmacht des Herrn aus, die allen Schwierigkeiten froh entgegenging. Sein Tätigsein vertiefte nur noch diesen Kontakt und erhöhte den Wert seiner Arbeit in unsagbarer Weise.

Von allen, die sich danach sehnen, in ihrer Tätigkeit beschaulich zu leben, kann Josef also als Vorbild gewählt werden. Sein Beispiel erinnert an die Notwendigkeit einer Beschauung, die inmitten aller menschlichen Aufgaben in innerem Kontakt mit Gott bleibt und ein im Menschen grundgelegtes, innerstes Bedürfnis ist. Es ist das Bedürfnis jedes einzelnen Menschen, mehr jedoch noch einer Welt voller Betriebsamkeit und absorbierender Beanspruchung. Diese Welt braucht Menschen, die wie Josef Zeugnis geben von einem höheren, friedvollen Leben, in dem die Seele Gott begegnet und sich mit ihm vereinigt.

Hier wird man an eine Szene aus dem Alten Testament erinnert: In Maria und Josef ist die Vertrautheit mit Gott wiederhergestellt worden, in der Adam und Eva gelebt hatten. »Gott, der HERR, [erging sich] beim Tagwind im Garten«, um den Mann und das Weib zu treffen, sich mit ihnen zu unterhalten und durch seine Gegenwart ihr Tun und Ruhen zu beglücken. Genau das geschah im Haus in Nazaret, dem neuen Garten, der wegen der Seelen, die ihn bewohnten, Gott gefiel. Dieser Gegenwart entsprach Josef mit gleicher Reinheit und Unschuld wie Adam vor der Versuchung.

Mehr noch: Die Beschauung Josefs konnte eine neue, konkretere Form annehmen, weil die göttliche Gegenwart sich ihm in der Person Jesu unmittelbarer und sichtbarer darbot. Der Gott des Alten Testamentes behielt etwas Fernes, er wahrte den Abstand. Nun aber kam Gott selbst durch Jesus, um mit den Menschen zu leben und auf sichtbarere und staunenswertere Weise das zu verwirklichen, was im Bericht von Adams und Evas Leben nur Bild und Gleichnis ist. Daher bleibt der sehende Blick Josefs, der sich zuerst auf einen abstrakten Gott gerichtet hatte, mehr und mehr an dem Göttlichen, das Jesus ihm enthüllte, haften.

Jahrhunderte später werden die Mystiker sich mit der Frage beschäftigen, welche Rolle Christus auf der Höhe der Beschauung zukommt. Einige werden sich fragen, ob die letzte Phase der Vereinigung mit Gott sich noch auf die Menschheit des fleischgewordenen Wortes stützen müsse und die höchste, von aller Anhänglichkeit an Empfundenes geläuterte Beschauung sich nicht auf das rein Göttliche richte. Die heilige Teresa von Ávila hat die Notwendigkeit, immer das Antlitz Jesu zu betrachten, als den einzigen Weg, Gott zu begegnen, bestätigt. Für Josef stellte sich die Frage umgekehrt. Nachdem er Gott, wie er ihn durch die Überlieferung und die heiligen Bücher kannte, folgen wollte, entfaltete sich seine Beschauung, als sie Gott im menschlichen Antlitz des Kindes von Betlehem entdeckte. Den Gipfel der Beschauung und mystischen Vereinigung mit dem Herrn erreichte er in dem Ineinanderfließen der Liebe, die ihn zu Gott führte, und jener, die er zu Jesus in sich trug.

Seine innere Erfahrung hatte ihn bereits die Wahrheit gelehrt, die Jesus später ausdrücken sollte. Ein Jünger bat ihn um die Gunst, den Vater sehen zu dürfen, und Jesus antwortete ihm: »Wer mich gesehen hat, hat den Vater gesehen. […] Glaubst du nicht, dass ich im Vater bin und dass der Vater in mir ist?« (Joh 14,9–10). Mit diesen Worten gibt Jesus klar an, dass man den Vater in ihm, in ihm allein, suchen und finden muss. Viel früher als die Jünger hatte Josef ihn in ihm gesucht und gefunden. Während der langen Jahre, in denen er Jesus in seiner Nähe hatte, fand er den Vater.

Das war das große Staunen in der schauenden Seele Josefs. In dem ihm so teuren und vertrauten Kind fand er die göttliche Gegenwart, eine Gegenwart, die identisch war mit jener, die er in der Tiefe seiner Seele trug. Deshalb ist Josefs Verhalten eine Aufforderung für uns, uns niemals von Christus abzuwenden, wenn wir die Berührung mit Gott suchen. Vielmehr sollen wir das Antlitz des Vaters in den menschlichen Zügen Jesu entdecken. Er lehrt uns auch, wie wir auf den Erlöser blicken müssen, um die Gegenwart Gottes konkreter in unserem Leben zu empfinden – lange und vertraut.

Ihm verdanken wir es, wenn wir klarer verstehen, dass die Beschauung, deren Wesen es ist, den Blick auf Gott ruhen zu lassen, eine Hinwendung unseres Blickes auf Christus sein muss.

Der Gerechte

Dieser Titel muss charakteristisch für die Persönlichkeit Josefs gewesen sein, weil er ihm im Evangelium ausdrücklich verliehen wird. Als Josef festgestellt hatte, dass Maria ein Kind erwartete, und er erwog, sie heimlich zu entlassen, bemerkt der heilige Matthäus: »... [da er] gerecht war« (Mt 1,19). Diese Eigenschaft begründet seinen Entschluss.

Das Alte Testament nannte jene Menschen gerecht, die Gott gefielen, weil sie seinen Willen erfüllten. In der Ordnung des moralischen Verhaltens wird so die persönliche Heiligkeit bezeichnet. Gerecht waren jene Menschen, die das Gute taten, im Gegensatz zu den Sündern.

Gewöhnlich ist die Beobachtung des Gesetzes für den Gerechten charakteristisch. So lesen wir zu Beginn des Evangeliums des heiligen Lukas: »Beide lebten gerecht vor Gott und wandelten untadelig nach allen Geboten und Vorschriften des Herrn« (Lk 1,6). Umso bemerkenswerter ist es, dass Matthäus Josef als gerecht darstellt bei einer Gelegenheit, als es nicht um die Beobachtung des Gesetzes ging. Das Gesetz nämlich hätte Josef erlaubt, ja ihn sogar gedrängt, seine Braut öffentlich bloßzustellen. Weil er aber gerecht war, wollte Josef Maria nicht bloßstellen, denn trotz des Anscheins hielt er sie für unschuldig, wenn er sich auch nicht berechtigt fühlte, sie als seine

Frau in sein Haus zu nehmen, weil sie ein Kind erwartete, das nicht von ihm gezeugt worden war. Die Gerechtigkeit Josefs bestand also nicht in der Ausführung der Gesetzesvorschriften schlechthin, sondern in einer tieferen Achtung vor den Rechten und dem guten Ruf des Nächsten. Seine Rechtschaffenheit ging weit über die mehr äußerlichen Forderungen des Gesetzes hinaus.

Josef handelte nach seinem Gewissen. Das war seine Art, gerecht zu sein. Damit stellt er sich in offenen Gegensatz zu vielen Pharisäern, die meinten, gerecht, ja die ersten unter allen Gerechten zu sein, weil sie alle möglichen kleinen Gesetzesvorschriften beobachteten, aber sich schwere Fehler gegen die Gerechtigkeit und die Liebe erlaubten. Ihre gesetzliche Gerechtigkeit war eine Fassade, hinter der sich ein verbildetes Gewissen verbarg. Die Beschuldigungen Christi für diese Heuchelei sind bekannt. »Darum sage ich euch: Wenn eure Gerechtigkeit nicht weit größer ist als die der Schriftgelehrten und der Pharisäer, werdet ihr nicht in das Himmelreich kommen« (Mt 5,20). Jesus verlangt eine höhere Gerechtigkeit, bei der es nicht auf die Anzahl der beobachteten Vorschriften ankommt, sondern auf die Übereinstimmung mit dem Geist des Gesetzes, der wesentlich Liebe zu Gott und zum Nächsten ist … So war die von Josef geübte Gerechtigkeit: In seinen Augen war das Gesetz niemals ein Grund, die Liebe abzugrenzen und sich auf gewisse äußere Zeichen zu beschränken. Für ihn war es die Aufforderung Gottes, ihm den Grund der Seele auszuliefern, die persönliche Würde des Nächsten anzuerkennen und seine Ansprüche zu achten und zu lieben. Gerecht sein bedeutete daher für

Josef größte Gewissenszartheit. Die Zartheit, die er selbst bewies, als er Maria heimlich entlassen wollte, war keine Ausnahmeerscheinung in seinem Leben. Er hatte begriffen, dass er vollkommen sein musste, wie der Vater im Himmel vollkommen ist. Er wollte der Ausübung des Guten keine Grenzen setzen und verlangte danach, die volle Heiligkeit, die Gott ihm in der Verähnlichung mit sich verleihen wollte, in sich aufzunehmen.

Man muss sich also bei dem Wort »gerecht« vor dem naheliegenden falschen Eindruck hüten, es handele sich um ein moralisches Verhalten mit ziemlich juridischem Charakter, das sich eng an die Regeln hält ohne inneres Streben nach Vollkommenheit und der aus der Tiefe hervorkommenden Liebe.

Man kann sagen, dass die Gerechtigkeit Josefs eine absolute Redlichkeit war. Er besaß die Redlichkeit eines Menschen, der nicht nur die anderen nicht täuschen wollte, sondern es auch vermied, sich selbst zu täuschen, indem er handelte, als wäre es möglich, Gott zu täuschen. Vor Gott und unter seinem Blick wollte Josef sein, was er war.

Die Menschen suchen so leicht die Achtung anderer. Sie versuchen, nach der Meinung zu handeln, die andere sich von ihrem Verhalten machen, und setzen sich ihre Billigung als Ziel. In diese Schlinge waren die Pharisäer geraten, und der Meister warnte die Jünger davor: »Hütet euch, eure Gerechtigkeit vor den Menschen zu tun, um von ihnen gesehen zu werden; sonst habt ihr keinen Lohn von eurem Vater im Himmel zu erwarten« (Mt 6,1).

Josef hat niemals gewünscht, die Blicke anderer auf sich zu lenken. Deshalb blieb seine Tugend verborgen und war nur Jesus und Maria bekannt. Man bemerkte nichts Außergewöhnliches an ihm, weil er sich nur darum sorgte, Gott zu gefallen. Die Beurteilung durch Menschen, Lob oder Kritik, ließ ihn ganz unberührt. Er wusste, dass diese Urteile der echten Vollkommenheit der Seele weder etwas hinzufügen noch wegnehmen können. Achtung vonseiten der Menschen und öffentliche Anerkennung stellen nicht den wahren Wert des Menschen dar. Dieser Wert ist vielmehr unserem tiefsten Wesen eingeprägt. Nur die Achtung, die sich im göttlichen Blick ausdrückt, ist von Bedeutung.

So bewahrte Josef sich die durchsichtige Lauterkeit der Seele. Er wusste nichts von den Komplikationen, die die Eigenliebe auch bei gutem Verhalten verwirklicht, um sich Befriedigung zu verschaffen, und dass sie alles unternimmt, um sie zu erhalten. Er war sich bewusst, dass sein guter Ruf in Gottes Händen lag. Er hätte ihn diesen Händen entrissen, wenn er nach der Achtung der Menschen gestrebt hätte.

Hier wird ersichtlich, was die Eigenschaft der Gerechtigkeit mit einschließt: innere Geradlinigkeit, die der Redlichkeit des inneren Verhaltens entspricht. Wer sich die Zeit genommen hätte, Josef genau zu beobachten, hätte sich überzeugen können, dass er im Grunde seiner selbst der fromme und heilige Mensch war, der er zu sein schien. In ihm gab es nicht die leiseste Abweichung, nicht die kleinste Umgehung. Seine Seele war klar und aufrichtig.

So musste sie sein, wenn sie die Vertrautheit mit Jesus bewahren wollte. Der geringste Mangel an Geradlinigkeit hätte für diese Vertrautheit ein peinliches Hindernis bedeutet. Der Blick des Erlösers, der den Grund der Herzen durchdringt, erfreute sich an Josefs vollkommener Klarheit. Die Durchsichtigkeit der Seelen der Menschen, die in der Familie in Nazaret lebten, bildete eine ihrer tiefsten Freuden. Da gab es nicht den Schatten eines Hintergedankens. Die Offenheit der Herzen hob die Innigkeit ihrer Einheit hervor.

An der Schwelle des Neuen Testamentes ruft Josef, der Gerechte, zu vollkommener Aufrichtigkeit auf, wie Christus sie bei seinen Jüngern vorfinden möchte. In seiner Aufrichtigkeit war Josef bereits Zeuge des sieghaften Kampfes, den das Licht über die Finsternis führt, denn Lauterkeit und Ehrlichkeit einer Seele sind nichts anderes als der Triumph des göttlichen Lichtes, das alle, auch die heimlichsten Winkel, durchleuchtet.

Zu diesem Sieg möchte Josef uns führen. Er hilft, alles in uns zu unterdrücken, was das Licht nicht durchlässt, alles Fassadenhafte, was wir dem Auge des Nächsten darbieten, alle Lüge, auch die unbewusste, uns in den eigenen Augen besser darzustellen als wir sind. Er lässt in uns die Vorliebe gedeihen, offen zu sein für den Blick Gottes, ihm eine aufrechte Seele darzubieten in der unverschleierten Durchsichtigkeit, die dem absolut geraden Blick Jesu entspricht.

Das Haupt der Familie

Die jüdische Familie stellte die Autorität des Vaters besonders stark heraus. Schon die Ehe begann mit einem autoritären Akt, denn es stand dem Bräutigam zu, die Braut zu sich zu nehmen. Wir wissen, dass Josef aus Achtung vor der geheimnisvollen Mutterschaft Mariens zuerst davon Abstand nahm, dann aber der Aufforderung des Engels nachkam und so den ersten autoritären Akt in seiner Ehe vollzog.

Man hätte sich fragen können, ob Maria aufgrund der ihr von oben verliehenen Mutterschaft überhaupt Josef unterstellt werden konnte. Mit dieser Mutterschaft hatte sie eine Fülle von Gnaden empfangen und war dadurch zum erhabensten aller Geschöpfe Gottes geworden. Konnte die zukünftige Königin des Weltalls unter die Autorität eines Menschen gestellt werden, der ihrer Größe so wenig nahekam? Der Engel hat dieses Problem gelöst, indem er Josef befahl, Maria zu sich zu nehmen. Also musste Josef als Mann und Haupt der Familie mit entsprechender Autorität auftreten.

Das lässt die unermessliche Würde Josefs erkennen: Es war ihm Autorität verliehen über ein Kind, das Gott selbst war, und dies wurde noch bewundernswerter dadurch, dass dieses Kind seine königliche Macht im Himmel wie auf Erden ausüben sollte. Man könnte vielleicht einen Vergleich anstellen zwischen der Heiligkeit Josefs und der Mariens. Niemals wäre dieser Vergleich jedoch erlaubt zwischen Josef und Jesus.

Der Erlöser besaß »unvergleichliche« Vollkommenheit. Seine göttliche Größe schuf zwischen ihm und seinem irdischen Vater einen unendlichen Abstand. Und doch hat dieser Abstand Josef nicht gehindert, Autorität über das Kind auszuüben. Die Menschwerdung offenbart ihr alle Ordnung umstürzendes Geheimnis.

Da dieses Geheimnis Wahrheit ist, war Josef nicht nur scheinbar und nicht nur in den Augen der Menschen das Haupt der Familie. Er war wirklich der Gemahl Mariens und der jungfräuliche Vater Jesu. Er besaß echte Autorität, der sich zwei Wesen, die größer waren als er, in echter Unterordnung beugten.

Zudem besaß Josef ein männlich festes Temperament, wie es der Autorität angemessen ist. Wir bemerkten schon, dass man ihn nicht als farblose, weiche Persönlichkeit betrachten darf, die nichts als ein Ausstattungsgegenstand für die Heilige Familie gewesen wäre. Ohne einen kraftvollen Charakter wäre Josef vollkommen ungeeignet für seine Sendung gewesen. Er wusste, was er wollte. Mit festem, ausdauerndem Willen hatte er trotz des gegenwirkenden Drängens seiner Umwelt die Vollkommenheit seines Verhaltens bewahrt. Solch äußerste Reinheit und Ehrenhaftigkeit wären ohne Willenskraft unmöglich gewesen.

Er leitete die ihm anvertraute Familie ruhig, aber auch sicher. Wichtige Entscheidungen nahm er auf sich, so jene, mit Maria nach Betlehem zu ziehen trotz der berechtigten Sorge um ihren und des Kindes Zustand. Normalerweise stand es ihm auch zu, über das Handwerk zu bestimmen, das Jesus erlernen sollte, wobei man annehmen kann, dass er die Neigungen des Kindes berücksichtigte. Er traf auch die weniger bedeutenden Entscheidungen, die das Leben in einem Haushalt täglich erforderlich macht.

Josef war sich bewusst, dass diese Autorität ihm nur von Gott zuteilwurde. Er gab sich auch Rechenschaft darüber, dass er sie durch seine Tugend nicht hätte erlangen können und dass seine Stellung als Haupt der Familie keine Überlegenheit in der Ordnung moralischer Vollkommenheit in sich einschloss. Es kommt vor, dass ein Chef versucht ist, den Eindruck zu erwecken, mehr zu sein als jene, von denen er mit Recht Unterordnung verlangt. Das traf bei Josef nicht zu. Er betrachtete seine Autorität als ein Geschenk, das Gott ihm trotz seiner tiefen Minderwertigkeit gemacht hatte. Alle Handlungen, die er als Haupt der Familie vornahm, machten ihn nur demütiger, denn er hielt sich dieser Ehre nicht würdig. Er stellte sich im Grunde des Herzens auf den letzten Platz.

Diese Demut befähigte Josef, seine Autorität mit zarter Behutsamkeit und tiefer Güte auszuüben. Es wäre ganz unvorstellbar, dass er diese Autorität anderen gegenüber grob oder streng zum Ausdruck gebracht hätte. Die tiefe Ehrfurcht vor der Person Mariens und der sich mehr und mehr entfaltenden Persönlichkeit Jesu flößte Josef bei allen Entscheidungen als erste Sorge diejenige ein, ihre Auffassung zu berücksichtigen. Er versuchte, ihren Bedürfnissen und Wünschen so weit wie möglich zu entsprechen.

Wichtig ist auch, dass die Autorität eines Oberhauptes ein Klima gegenseitigen Verstehens schafft. Josef tat es in der Weise, dass seine Entscheidungen sich immer aus der echten Übereinstimmung seines Lebens mit Maria ergaben. Sie gehörten einander in einer Liebe, die jede Gefahr des Missverstehens ausschloss. Jeder sorgte sich nur darum, die Wünsche des anderen zu erfüllen. Daher kostete es keine Mühe, die Ansichten aufeinander abzustimmen. Jeder äußerte frei seine Auffassung, jedoch mit der Absicht, sich den Wünschen und Meinungen des anderen anzupassen. Als Jesus erwachsen war, äußerte auch er seine Meinung. Man suchte also den Weg, den man gehen sollte, gemeinsam. Die Entscheidung, die Josef dann fällte, war das Ergebnis dieser Überlegung, eine Schlussfolgerung, die sich auf normale Weise ergab. Die ganze Familie hatte dazu beigetragen.

Statt einen Graben zwischen sich und seiner Familie aufzuwerfen oder Furcht einzuflößen, kam Josef auf diese Weise Maria und Jesus gerade durch seine Autorität immer näher. Sie erfüllte die ihr zugewiesene Aufgabe: ein Bindemittel der Einheit zu sein. Und zwar handelte es sich nicht allein um die äußere Einheit, die eine Wechselwirkung zwischen Autorität und Unterwerfung ist, sondern um die viel tiefere Einheit der Seelen, die das Ergebnis der Übereinstimmung von Wollen und Empfindungen ist.

Für Josef war Autorität ein Ausdruck der Liebe, die seine kleine Gemeinschaft verband. Er weist Familienvätern den Weg, Autorität nur behutsam anzuwenden, die Übereinstimmung des Willens aller zu sichern und das gegenseitige Einvernehmen zu erleichtern, indem sie die

Wünsche aller Familienmitglieder berücksichtigen. Der Mensch missbraucht vielleicht nichts so oft wie die Autorität. Wer Macht hat, ist leicht geneigt, die Grenzen zu überschreiten, sie zu herrschsüchtig, ja tyrannisch auszuüben. Er ist in Gefahr, sich mitreißen zu lassen von der Eigenliebe, die sich die anderen unterwerfen möchte. Herrschsucht ist ein dem menschlichen Seelenleben tief eingeprägter Trieb. Deshalb muss jedes Oberhaupt wachsam sein und den Willen haben, nur als Stellvertreter Gottes zu handeln.

So tat es Josef. Er fühlte sich als Stellvertreter des himmlischen Vaters: Das allein wollte er sein. Nun aber stellte sich vor seinen Augen die Art und Weise dar, wie Gott seine Allmacht ausübt. Der höchste Herr des Himmels und der Erde ließ die ganze Weite seiner Allmacht als Kundgebung seiner Güte in Erscheinung treten. Dem Volk Israel war er nicht einfach ein absolutistischer König gewesen, der ihm seine Befehle auferlegt hätte, sondern er hatte ihm vielmehr die wachsame Sorge eines Hirten und die zärtliche Liebe eines Bräutigams erwiesen. Das besagt, dass er seine Autorität als Ausdruck der Liebe sieht und wünscht, dass man sie aus Liebe annehme. Diesem erhabenen Vorbild passte Josef sein Verhalten an.

Er hielt seine Autorität für ein Vorrecht, den anderen größere Güte zu erweisen. Jede Macht, die uns über andere verliehen wird, kann schließlich nichts sein als eine Macht zu lieben. Als Familienvater freute sich Josef, Maria und Jesus noch tiefer lieben zu können.

Seine große Liebe ist das Vorbild aller Familienväter. Er lehrt aber auch alle, die von Gott eine Autorität empfangen haben, den wahren Sinn dieser Gabe zu verstehen, und fordert sie auf, ihre Verantwortung in fester, aber demütiger Güte auf sich zu nehmen.

Der Knecht

Für Josef hatte die Autorität als Haupt der Familie nur den Sinn des Dienens. Aus ganzem Herzen wollte er den anderen dienen, sie nicht beherrschen.

Im Alten Testament wurden die Menschen gerühmt, die sich zu Knechten Gottes machten. Sogar der Messias wurde unter diesem Namen angekündigt (vgl. Jes 42,1 u. a.). Knecht zu sein war also ein Ideal, das Josef achten gelernt hatte. In allem wollte er Gott dienen: durch die Anbetung und Verehrung Gottes und durch die helfende Hingabe gegenüber seinen Nächsten.

Der Heilige Geist hatte Josef in besonderer Weise auf seine Aufgabe im Hause in Nazaret vorbereitet, indem er seine Seele im Voraus mit der Seele Mariens und Jesu in Einklang brachte. Es ist gar nicht anders denkbar, als dass er ihm auch dieses Ideal tief eingeprägt und ihm eine besondere Neigung zur Haltung des Dienenden eingegeben hatte. Tatsächlich geben sich die Jungfrau und der Erlöser durch diese Haltung zu erkennen.

Knecht musste Josef sein, um der Gefährte der Jungfrau zu werden, die bei der Verkündigung sagte: »Siehe, ich bin die Magd des Herrn […]« (Lk 1,38). Diese Art, die Würde der Gottesmutterschaft anzunehmen, war charakteristisch für ihre Denkweise: In ihren Beziehungen zu Gott wollte Maria nicht aufhören, Magd zu sein. Um die ganze Fülle des göttlichen Wohlgefallens in sich aufzunehmen, handelte sie im Geist der Liebe und nicht der Furcht. Unmittelbar nach der Verkündigung gab sie dieser Magd-Gesinnung – der gottgeweihten – durch einen Dienst am Nächsten Ausdruck: Sie begab sich zu ihrer Verwandten Elisabet, um ihr als Magd im Haushalt zu dienen.

Wie hätte Josefs Seele mit ihrer Seele zusammenklingen können, wenn er diese Denkweise nicht geteilt hätte? Gewiss vermuten wir mit Recht, dass Maria die Magd ihres Gatten sein wollte, wie es Sitte in Israel war. Dennoch musste sich die grundlegende Übereinstimmung der Seelen in dem Wunsch ausdrücken, demütig und vollkommen Gottes Willen zu erfüllen und seinem heiligen Wohlgefallen zu entsprechen. Dieses Verlangen verband sie eng miteinander. Der Wille Josefs, als Haupt der Familie der Diener seiner Frau zu sein, vertiefte ihre Vereinigung. Er bot ihr die Stütze seiner aufmerksamen und rasch bereiten Hingabe.

Als Jesus heranwuchs, machte er es ebenso. Er sollte *der* »Knecht« sein, wie er im Laufe seines Lebens erklärte: »Wie der Menschensohn nicht gekommen ist, um sich dienen zu lassen, sondern um zu dienen« (Mt 20,28; vgl. Mk 10,45) oder: »Ich aber bin unter euch wie der, der bedient« (Lk 22,27). Er hat sogar sein Erlösungsopfer dargestellt als den erhabensten Akt des Dienens (vgl. Mt 20,28). Er wird ihm die symbolische Fußwaschung vorausgehen lassen, um in dieser dem Diener zustehenden Handlung die Demut auszudrücken, die ihn der Kreuzigungsqual entgegenführt.

Für die Erziehung Jesu war es von Wichtigkeit, dass er im Verhalten Josefs die Grundhaltung des Dieners vor Augen hatte. In diesem Punkt vor allem musste Josef das Vorbild sein, das man betrachten und nachahmen konnte. Er sollte Jesus auf seine Sendung vorbereiten. Dies tat er ganz einfach, indem er inmitten der Familie derjenige war, der diente.

Die innere Haltung des Knechtes zog Josef also in das Geheimnis der Erlösung hinein und entfaltete in der Familie in Nazaret die seelische Einstellung, die das Kreuzesopfer anregte.

Josef sah diese Auswirkung seiner Haltung wohl nicht klar voraus. Er pflegte sie, weil er wusste, dass sie dem göttlichen Willen entsprach. In dem Augenblick, als der Engel ihn aufgefordert hatte, Maria als seine Frau zu sich zu nehmen, hatte Josef zwar nicht ausdrücklich wie die Jungfrau im Augenblick der Verkündigung erklärt, er wolle der Knecht Gottes sein, aber innerlich entsprach er der Erklärung Mariens: »Siehe, ich bin die Magd des Herrn.« Denn die Botschaft des Engels enthüllte ihm die Größe des Kindes und die Würde der Mutter und mahnte ihn, sich in der Absicht, Gott zu dienen, in ihren Dienst zu stellen. In der Gesinnung des Dienenden hatte also Josef seine Ehe geschlossen und in dieser Gesinnung führte er sie weiter.

Es wäre unberechtigt, bei der Bezeichnung »Knecht« an den Geist der Furcht zu denken. Denn schon im Alten Testament wird er im Zusammenhang mit dem Geist der Liebe gebraucht. Im Buch der »Tröstungen Israels« werden die Juden in besonderer Weise »Knechte« genannt, weil Gott sie mit bevorzugender Liebe erwählt hat (vgl.

Jes 49,3). So ist der Messias der Knecht, den Jahwe erwählt hat und in dem er sein Wohlgefallen findet (vgl. Jes 53,11). Knecht Gottes wird man also aufgrund einer Berufung, die in der göttlichen Liebe ihren Ursprung hat. Der Dienst als Antwort auf diese Liebe ist selbst Liebe.

Josef war in besonderer Weise durch die göttliche Liebe zum Knecht erwählt worden. Er wollte deshalb in seinem Dienst Gott lieben bis zum Äußersten. Von ihm konnte Gott sagen: »Mein Knecht, den ich erwählt habe.« Dieser bevorzugenden Liebe gegenüber hatte Josef nur den Wunsch, sich zu erniedrigen. Er dachte nicht daran, sich stolz zu erheben. Um mehr Dankbarkeit und Liebe zu bezeigen, wollte er sich so klein wie möglich machen.

Das ist in der Tat das tiefste Geheimnis der Seelenhaltung des Dienenden. Wer liebt, strebt nicht danach, den geliebten Menschen zu beherrschen. Er freut sich vielmehr, in seiner Gegenwart erniedrigt zu werden, damit der Geliebte umso größer dastehen kann. Er ist glücklich, nicht in Erscheinung zu treten, denn er denkt nur an den anderen und verlangt nach seinem Wohl mehr als nach dem eigenen.

In der Gegenwart des Herrn, der so groß ist, hat diese Haltung eine noch größere Berechtigung. Josef begriff, dass es ein Vorrecht ist, Gott dienen zu dürfen. Gott hätte der Dienste seiner Geschöpfe nicht bedurft. Wenn er auf sie zählt und sie verlangt, ist es ein Beweis seiner Güte. Josef wollte dem Herrn ein wenig von dieser Liebe zurückgeben. Deshalb erfüllte er seinen Dienst aus ganzem Herzen, indem er die leisesten göttlichen Wünsche achtete und sie erfüllte.

Als Knecht Gottes bewies er ihm vollkommene Unterwürfigkeit. Es wäre eine Lüge für ihn gewesen, sich dem Dienst Gottes zu weihen und doch dem göttlichen Willen Widerstand zu leisten, wenn er ihm eine Prüfung auferlegte oder eine unangenehme Handlung verlangte. Ein anderes Ideal, als seinem Meister zu gefallen, gab es für ihn nicht. Darum beklagte er sich nicht über Schwierigkeiten und Härten seines Lebens. Mit aufrichtiger Freude nahm er alles an, was Gott dem Leben seines Knechtes auferlegte. Unaufhörlich und in voller Verfügbarkeit opferte er sich dem Wohlgefallen des Herrn.

In diesem Geist der Liebe konnte die Haltung des Dienens die Seele Josefs weder einengen noch niederdrücken. Sie wurde vielmehr weit in schnell bereiter Dienstbarkeit.

Alle Menschen in Josefs Umgebung erfuhren die wohltuende Bereitschaft. Josef schenkte die dienende Liebe, die sein Verhältnis zu Gott charakterisierte, unterschiedslos dem Nächsten. Die Fügsamkeit dem Herrn gegenüber drückte sich aus in der Unterwürfigkeit, mit der er den Willen und die Wünsche der anderen erfüllte. Diese Dienstfertigkeit war still und verschwiegen, deswegen aber nicht weniger liebenswürdig und einsatzbereit.

Josef hat es verstanden, sich dem inneren Glück des Dienens hinzugeben und andere Menschen das tiefe Glück einer Liebe, die ihnen diente, zukommen zu lassen.

Der Schweigsame

Wenn das Evangelium über Josef schweigt und nur das unbedingt Notwendige über ihn im Bericht von der Geburt und der Kindheit Jesu erzählt, so entspricht das dem vorherrschenden Zug seiner Persönlichkeit: Josef war ein Mann des Schweigens.

Bezeichnend ist, dass wir kein Wort von ihm kennen. Von Maria besitzen wir einige kurze sinnvolle Worte. Aber das Evangelium sagt an keiner Stelle, dass Josef sprach, und alles, was über ihn gesagt wird, legt die Vermutung nahe, dass er gewohnheitsmäßig schweigend zurücktrat und nicht bemerkt wurde.

Schweigend trug er den Schmerz, den die Feststellung, dass Maria ein Kind erwartete, ihm verursachte. Er gehörte nicht zu den Menschen, die versuchen, sich unverzüglich der Last ihrer persönlichen Leiden zu entledigen, indem sie anderen davon erzählen. Er verstand es zu leiden, ohne ein Wort zu sagen und ohne es zu zeigen.

In der Verlegenheit, welche Entscheidung zu fällen wäre, hat er sich nur mit sich selbst beraten. Er hätte die Ursache seiner inneren Not um keinen Preis offenbaren wollen. Sein Schweigen bewahrte den guten Ruf der Jungfrau.

In einem von Glauben und Unterwerfung erfüllten Schweigen empfängt er die Offenbarung der wunderbaren

Empfängnis Jesu ebenso wie die Aufforderung, sich als Vater des Kindes zu verhalten. Dem Engel, der ihm die überraschende Botschaft bringt, antwortet er nichts. Seine Antwort besteht darin, dass er unmittelbar danach tut, was der göttliche Bote von ihm verlangt hat. Man könnte meinen, Josef habe ein Wort für unnütz gehalten. Seine Empfindungen werden durch sein Verhalten bezeugt.

Schweigend wohnt er dem großen Ereignis in Betlehem bei. Als Johannes der Täufer geboren wurde, sang sein Vater einen Dankeshymnus und lobte und pries Gott für die dem ganzen Volk erwiesene große Gunst. Der Heilige Geist hatte ihm das Lied eingegeben, aber auf die Lippen Josefs legte er kein Lied, als Jesus geboren wurde. Josef empfing das Kind im Schweigen einer entrückten Kontemplation: Seine Freude und seine Dankbarkeit blieben dem Grund seiner Seele eingesenkt und stiegen von da zu Gott auf als eine verborgene Huldigung. Dieser schweigende Gesang Josefs war dem Herrn gewiss nicht weniger angenehm.

War es übrigens nicht angemessener, die Person des göttlichen Wortes im Schweigen zu empfangen? Das Mensch gewordene Wort, das Wort, das auf unsere Erde herabgestiegen ist, brauchte schweigsame Seelen, um gehört zu werden. Die Haltung Josefs stand in schönem Einklang mit dem Geheimnis der Menschwerdung.

Es muss aber betont werden, dass ein solches Schweigen keine Empfindungslosigkeit ist. Josef war wie Maria innig beglückt beim Bericht der Hirten, die der Engel zur Krippe geführt hatte. Aber die Wundertaten, deren Zeuge er war, machten ihn schweigsam. Eine starke innere

Erregung wurde tiefer in einer schweigsamen Seele. Das Schweigen Josefs war ein inneres Staunen vor den göttlichen Geheimnissen.

Das Schweigen, in dem er mit der Jungfrau das Kind im Tempel darstellte, war nicht nur ein anbetendes Schweigen. Es war belastet vom Schmerz, den Simeons Weissagung einschloss. Tief ergriffen von der Enthüllung des Opfers, richtete er kein Wort an den Greis: Er wollte diese Weissagung in sich eindringen und ihr Echo in sich weiterklingen lassen, um den Akt der Darstellung zu vollziehen. Er verlangte danach, mit dem Kind das eben vernommene, furchterregende Wort aufzuopfern.

Schweigend vollzog sich in ihm auch der Wechsel von der Angst zur Freude, als er später das Kind im Tempel wiederentdeckte. Er überließ es Maria, ihre innere Sorge zum Ausdruck zu bringen. Gewiss hätte er als Haupt der Familie das Wort an das Kind richten können, um eine Erklärung seines Verhaltens zu verlangen, aber er zog es vor zurückzustehen: Maria sprach.

Auch im täglichen Leben in Nazaret können wir uns Josef nur so schweigsam vorstellen. Wohl ließ er ein Wort in die Unterhaltung einfließen und tauschte seine Gedanken aus. Aber er sprach wenig. Er passte sich Jesus und Maria an: Die Jungfrau sagte kein unnützes oder müßiges Wort. Die im Evangelium überlieferten Worte sind klar und sinnvoll. Jesus seinerseits wird in seinem öffentlichen Leben nur Worte von ewigem Wert sagen und während seines Prozesses ein heroisches Schweigen bewahren.

Als Mann des Schweigens bleibt Josef eine lebendige Lehre – für unsere Zeit und unsere Welt. Zweifellos besitzt das Schweigen in jeder Zeit einen Wert. Aber die heutige Zeit ist infolge der Entwicklung technischer Kommunikationsmittel durch eine Fülle von Lärm und Worten gekennzeichnet. Die Technik ermöglicht eine viel raschere und leichtere Mitteilung des menschlichen Wortes, und dieser Fortschritt hat viele Vorteile. Trotzdem laufen wir Gefahr, das innere Leben zu schwächen. Manche Menschen erliegen in ihrem Leben der Versuchung, in der oberflächlichen Befriedigung, die Verstand und Sinne sich in den Erfindungen der modernen Welt verschaffen können, aufzugehen.

Josef erinnert daran, dass man Jesus und sein Geheimnis nur im Schweigen aufnehmen kann. Dieses Schweigen hat ihm wie auch Maria erlaubt, das Geheimnis, dessen Zeuge er war, im »Herzen zu bewahren« und zu »erwägen« (vgl. Lk 2,19.51). Hätte er seine Sammlung in eitlen Worten zur Sprache gebracht, wäre sein schauender Blick nicht auf Jesus haften geblieben.

Es gibt Menschen, die Angst vor dem Schweigen haben, weil sie sich scheuen, sich selbst gegenübergestellt zu werden. Josef liebte das Schweigen, weil er sich vor dem Antlitz Gottes wiederfinden wollte. Ihm bangte es nicht vor der Langeweile der Einsamkeit, weil alle Einsamkeit für ihn eine wirklich göttliche Gegenwart bedeutete.

Er zeigt, dass es nicht notwendig ist, sich in ein Kloster einzuschließen, um sein Schweigen zu bewahren. Josef trug im Inneren seines Herzens seine Klausur. Er lädt alle Christen ein, es auch so zu machen und sich zu bemühen, in sich eine Heimstätte des Schweigens zu bewahren. Je betriebsamer und angefüllter ein Leben ist, umso mehr braucht es diese friedvolle Zuflucht, in der die Seele ihre eigentliche Bestimmung vor dem Angesicht des Herrn wiederfindet.

Josef hat auf diese Weise intensiv in der Gesellschaft Jesu gelebt. Er will uns motivieren, die Nähe des Meisters, der in uns bleiben will, durch das Schweigen zu verkosten. An ihm ist es zu sprechen. Allzu oft laufen wir Gefahr, seine Stimme zu ersticken und uns unfähig zu machen, sie zu vernehmen. Josef war sich bewusst, dass er alles lernen musste. Er hilft uns, das Schweigen des Geöffnetseins und des Hörens vor dem Mensch gewordenen göttlichen Wort zu pflegen.

Wenn wir ihn betrachten, überzeugen wir uns, dass ein zu stark angefülltes Leben kein wirklich reiches Leben sein kann. Das Schweigen hingegen macht ein Leben vom Äußerlichen leer und bereichert es innerlich. Anbetung, Staunen, Liebe, Leiden und Freude wurden in Josefs Seele durch das Schweigen tiefer, das sie intensiver machte. Statt Mangel an Leben anzuzeigen, entfacht das Schweigen die Glut eines tieferen geistigeren Lebens.

Die Welt sollte in der Person Josefs feststellen, dass das Schweigen eine Lebenskraft schützt, die einer höheren Ordnung angehört. Dieser Mann, der so wenig sprach, dachte mit umso größerer Schärfe nach, empfand und schaute mit größerer Geistesfreiheit. Er hörte, ohne den zu stören, der sprach, und als Gegengabe empfing er die göttliche Weisheit. Er liebte wahrer und fruchtbarer, denn Schweigen drückt die sich schenkende Liebe und die wortlose Huldigung des Wesens besser aus als das Wort. Josef lehrt die Menschen zu schweigen, damit sie mehr lieben.

Der Arme

Josef übte in seinem Dorf das Handwerk des Zimmermanns aus. Das legt die Vermutung nahe, dass er nicht reich war. Das Evangelium beschreibt seine Armut bei der Darstellung Jesu im Tempel genauer: Josef opferte zwei Turteltauben, während reiche Leute ein Lamm darbrachten.

Die materielle Armut entsprach dem Messias: »[…] der reich war, wurde […] arm« (2 Kor 8,9), um uns durch seine Armut reich zu machen. Der Armut Josefs verdanken wir die Krippe zu Betlehem. Sie war von Gott gewollt, damit sie die Armut Jesu werde.

Statt eines Vermögens besaß Josef den rechten Geist eines Armen. Das Alte Testament betrachtete die Armen als bevorzugte Lieblinge Gottes, nicht nur weil der Herr in seiner Barmherzigkeit sich mit besonderer Sorge über die Unglücklichen neigt, sondern weil Gott die innere, der Armut entsprechende Haltung vor allem gefällt.

Worin besteht die Geistigkeit des Armen? Der Reichtum verleiht dem Menschen Macht und Ansehen, verleitet ihn aber auch, sich in sich selbst abzukapseln und seine Stütze in den materiellen Gütern zu suchen. Die Armut dagegen ruft ihn auf, den Blick auf Gott zu richten, auf ihn seine Hoffnung zu setzen und alle Hilfe von ihm zu erwarten. Von materiellen Gütern entblößt, wird dem Armen die menschliche Schwäche bewusst, und er setzt sein Vertrauen einzig in die Allmacht des Herrn.

Die Armut steht im Einklang mit Glauben, Demut und Sanftmut. Sie begünstigt die gläubige Hinwendung des Herzens zu Gott, der über der Welt steht und die Macht hat, allem Elend zu Hilfe zu kommen. Sie trägt in sich die Demut des Menschen, der seine Hände leer weiß, weil ihm nichts gehört, und der seine Abhängigkeit vom Schöpfer als Wirklichkeit empfindet. Sie macht sanft, denn ein Mensch, der sich entblößt fühlt, ist weniger versucht, dem Nächsten herausfordernd und brutal zu begegnen. Glaube, Demut und Sanftmut sind wirklich die Wesenszüge Josefs, des Armen.

Wenn Josef gewisse Abschnitte des Alten Testamentes las, hat er gut verstanden, welch ein Privileg die Armut tatsächlich ist. Diese Armut hat er uneingeschränkt angenommen, obwohl er nichts daran hätte ändern können. Es kann vorkommen, dass Arme sich gegen ihre Lage auflehnen oder die Reichen beneiden. Sie sind vom Geist des Reichtums und von der Anhänglichkeit an die Güter dieser Welt durchdrungen. Josef dagegen nahm die Armut als ein Geschenk von Gott an und sah in ihr ein Mittel, um inniger mit dem Herrn zu leben.

Es wäre durchaus möglich, dass diese Art, die Armut als ein Ideal anzunehmen, uns Unbehagen einflößt. Das soziale Problem, das sich mit großer Dringlichkeit in der ungleichen Güterverteilung stellt, muss ernst genommen werden. In dieser Hinsicht also scheint die ergebene Hinnahme der Armut den Bemühungen zu widersprechen, die um der gerechteren Güterverteilung willen für die Menschheit gemacht werden. Mit diesem sozialen Problem hat die Haltung Josefs jedoch nichts tun. Sie löst nur das persönlich religiöse Problem, das die Armut dem einzelnen Menschen stellt. Dieses Problem ist und bleibt aktuell. Zwar müssen die Menschen tun, was in ihren Kräften steht, um die Armut in der Welt zu lindern. Es bleibt aber bestehen, dass in der menschlichen Gesellschaft immer die »vom Glück Enterbten« leben werden: »Die Armen habt ihr immer bei euch [...]« (Mt 26,11). Nie wird der Besitzstand für alle der gleiche sein, und man wird nie verhindern können, dass eine Anzahl von Menschen benachteiligt bleiben. Diese sind ganz individuell mit dem Problem konfrontiert. Josef hatte diesen Zustand hingenommen, nicht widerwillig, sondern in dem feinen Gespür, dass er die göttliche Einladung enthält, über sich hinauszuwachsen.

Ihm hatte sich der übernatürliche Sinn der Armut erschlossen. Als er in die Loslösung von den Gütern der Welt einwilligte, führte sie ihn dahin, sein einziges Gut in Gott zu suchen. Die Armut bewahrte ihn vor der drängenden Gier vieler Menschen, Jagd nach Geld und Bequemlichkeit zu machen: Sie richtete seinen Sinn auf Höheres.

»Selig, die arm sind vor Gott; denn ihnen gehört das Himmelreich« (Mt 5,3). Als Christus diese Armut seligpries, offenbarte er die hohe Bedeutung der Tradition, entsprechend der im Alten Testament die Armen seliggepriesen werden. Gott hatte eine Denkweise vorbereiten wollen, die das zu begründende Königreich verstehen konnte, um es aufzunehmen. Nun schenkte er den Armen dieses himmlische Reich, das seitdem jenen Menschen gehört, die es ablehnen, die Erde zu besitzen.

Diese Seligkeit hatte Josef innerlich erlebt, ehe sie von Jesus verkündet wurde. Keiner bisher war wie Josef ein »Armer vor Gott«. Wahrscheinlich gab es in Israel ärmere Menschen als Josef. Er lebte nicht im Elend völliger Entblößung, sondern in sehr bescheidenen Verhältnissen, die es ihm gerade ermöglichten, seinen Haushalt aufrechtzuerhalten. Aber niemand besaß in dem Grad wie er den Geist der Armut, Maria ausgenommen.

In diesem Umstand tritt der geistige Fortschritt seit der Zeit der Patriarchen besonders gut hervor. Man hat Josef tatsächlich den letzten der Patriarchen genannt. In Wirklichkeit jedoch steht er als Armer bei Weitem höher als die Patriarchen, die ganz beträchtlichen Reichtum besaßen. Die Heilige Schrift bezeichnet ihn als göttlichen Segen. Auf Josef ruhte als Zeichen größeren göttlichen Segens – die Armut.

Oft wurde auch Josef von Ägypten des gleichen Namens wegen mit dem Bräutigam der Gottesmutter verglichen. Dieser Josef besaß eine bemerkenswerte Geschicklichkeit, sich eine vorteilhafte Stellung zu verschaffen und die nötigen Geschäfte zu führen. Man betrachtete das als ein Zeichen der göttlichen Weisheit, die ihn führte. Der Bräutigam Mariens nahm in Nazaret eine viel bescheidenere Stellung ein und zeigte sich in der Erwerbung materieller Güter weniger geschickt. Aber er war mit höherer Weisheit erfüllt, weil seine Armut ihn mit göttlichem Reichtum beschenkte. Es besteht ein ungeheurer Unterschied zwischen dem Ideal der beiden Männer, der Gegensatz lässt den Fortschritt hervortreten: Ein Mensch liebt die Armut, statt den Reichtum zu suchen. Am Ende dieser geistigen Entwicklung übertrifft der zweite Josef den ersten bei Weitem.

Ihm wurde das Reich des Himmels, das göttliche Erbteil, auf einmalige Weise gegeben. Gott überließ Josef, was ihm am liebsten war, seinen eigenen Sohn. Gott selbst als Erbteil zu empfangen – dieser Lohn der Armut, der Gleichnis oder Umschreibung hätte sein können –, wurde echte Wirklichkeit in Josefs Leben.

Man lernt den Wert der Armut schätzen, wenn man bedenkt, dass Josef es ihr verdankte, Jesus in seinem Haus sein Eigen nennen zu dürfen. Arm sein und den Geist der Armut besitzen, bereitet die Seele vor, Gott zu empfangen.

Josef hatte schon vor seiner Ehe den göttlichen Wohlgeschmack der Armut gekostet. Als er aber das göttliche Kind, die wunderbare Gabe Gottes, vor Augen hatte, schätzte er sie noch viel mehr. Da verstand er noch besser, wie gut er daran getan hatte, alles Streben nach irdischen Gütern aufzugeben. Diese Güter schienen im Vergleich mit der Gegenwart des Herrn unsagbar gering.

»Denn wo euer Schatz ist, da ist auch euer Herz« (Lk 12,34). Josef hatte begriffen, dass nur ein einziger Schatz das Herz des Menschen ausfüllen kann: Gott. Er wurde arm, um diesen Schatz zu erlangen, und erlebte die Freude, Gott im Herzen zu besitzen. In der Seligkeit der Armut hütete er nicht nur das Reich, sondern an erster Stelle den König.

In seiner Armut jubelte er in der Freude, sich frei zu fühlen von den Fesseln der Erde, und dieser Jubel wurde vollendetes Glück, weil er mit seinen menschlichen Armen ein Kind umfangen durfte, das Gott war.

Ein reines Herz

Die Keuschheit Josefs schließt ein tiefes Geheimnis der Gnade ein. Dem Menschen, der der jungfräuliche Gemahl der Jungfrau Maria werden sollte, wurde eine seltene Gnade zuteil, damit er fähig zu gänzlicher Reinheit des Herzens und Verhaltens sein würde. Niemals hat Josef die so reinen Empfindungen der Jungfrau und ihre so tief Gott geweihte Seele durch die geringste Unzartheit verletzt.

Wir sahen, dass man die Begegnung Josefs und Marias vergleichen kann mit der ersten Begegnung Adams und Evas, ehe noch die Sünde die Flamme der Begierde im Herzen des Menschen entzündet hatte. Maria und Josef sahen sich mit dem ursprünglich reinen Blick von Mann und Frau. Die ungeordnete Lust des Fleisches, die sich gegen den Geist auflehnt, verwirrte sie nicht. In ihrem Leben nahm das Fleisch die ihm gebührende Stelle ein und diente nur dazu, die Schönheit der Seele durchscheinen zu lassen. Es blieb im Dunkel, an seinem Platz, denn die Aufmerksamkeit wandte sich ihm nicht um seiner selbst willen zu.

Was uns anormal oder außergewöhnlich erscheint, war für Josef und Maria wie selbstverständlich möglich als eine Erfüllung ihrer tiefsten Sehnsucht: die jungfräuliche

Verbindung. Der Gnadenstand, in den sie versetzt waren, ließ sie diese Vereinigung als den erhabensten Ausdruck der ehelichen Liebe ansehen.

Josef bewunderte die jungfräuliche Schönheit Mariens, und seine vornehmste Sorge war, sie zu achten. Um nichts in der Welt hätte er die jungfräuliche Unberührtheit seiner Braut trüben wollen. Gleich bei der ersten Begegnung begriff er, dass er in jungfräulicher Reinheit beharren müsste, wollte er in Mariens Gesellschaft leben. Diese Entdeckung musste ihn für seine Ehe begeistern: Die Jungfräulichkeit Mariens wurde ihm anvertraut.

Statt ihn zu enttäuschen, übertraf die Wirklichkeit seiner ehelichen Verbindung alle seine Erwartungen. Jungfräuliche Liebe bewahrt leichter die jungfräuliche Glut. Sie kennt keine Abschwächung und lässt sich durch die Sucht nach wenig edlen Befriedigungen nicht knechten. Das Fleisch kann eine Quelle von Enttäuschungen werden. Es wird zum Verhängnis, wenn zutiefst geistige Wesen mit zu gierigem Verlangen sich ihm zuwenden. Josef verstand es, über niedrigstes Begehren, das Gefahr läuft, die echte Liebe zu hemmen oder zu ersticken, erhaben zu bleiben. So bewahrte und vermehrte er das beständigere Glück der Vereinigung der Seelen.

Andererseits hatte die ihm anvertraute Jungfräulichkeit Mariens einen sehr tiefen Einfluss auf Josef. Sie besaß die ganz eigenartige Strahlkraft des Ideals. In voller Überzeugung hatte das junge Mädchen in Nazaret dem Engel erklärt, dass es keinen Mann erkennen wolle, was die innere Festigkeit erraten lässt, die zu seiner Ausführung nötig war. Der Entschluss, jungfräulich zu bleiben, war in

Mariens Umgebung eine seltene Ausnahme, und doch fasste sie ihn mit einer solchen Sicherheit. Sie war erfüllt von jener Energie, die der Mensch braucht, um ein Ideal zu verwirklichen, das nur ihm verständlich ist.

Je länger sich sein Leben an der Seite der Jungfrau aller Jungfrauen hinzog, umso mehr ließ er sich vom Ideal ihres Herzens durchdringen. Immer höher schätzte er seinen Wert. Maria hatte ihn entzückt, aber sie riss ihn auch mit auf dem Wege der geistigen Liebe, deren friedvolle Heiterkeit er ganz auskostete. Dieser Liebe bleiben die Erschütterungen und Gewaltakte der Leidenschaft unbekannt; Josef lernte die Tiefe der Bindung, die ihn mit einer so reinen Jungfrau vereinigt hatte, immer mehr schätzen.

Seine Erfahrung bereitete das Leben jener Menschen vor, die sich in der Kirche das Ideal der Jungfräulichkeit zu eigen machen. Gewiss war Josefs Lage einmalig und vom göttlichen Ratschluss für den Sohn Gottes gefordert, der als kleines Kind ein Heim auf Erden finden musste. Aber aus der Ausnahmeerscheinung der jungfräulichen Vereinigung ergibt sich eine allgemeine Wahrheit: Der Einfluss Mariens lässt die Seelen die Schönheit der Jungfräulichkeit erkennen und lädt sie auf diesen Weg ein. In Berührung mit der Jungfrau kann die Jungfräulichkeit kein fernes und kaltes Ideal bleiben. Es trägt den Zauber, der dem Dasein Mariens entströmt, und enthüllt die wärmende Liebe, die es einschließt. Josef fordert uns auf, in den reinen Augen Mariens diese innige Glut zu entdecken.

Für Menschen, die nicht zur Jungfräulichkeit und Keuschheit Josefs berufen sind, ist sie deswegen nicht weniger anziehend, selbst wenn sie nicht ganz nachgeahmt werden kann. Sie weist darauf hin, dass die eheliche Verbindung so gut wie möglich geistige Beziehungen anstreben muss, und verpflichtet zu ernster Beherrschung der Forderungen des Instinkts. Sie hilft, die Schönheit einer Liebe zu erspüren, die, abgeklärt und tief, sich auf die Seele richtet. Die Vereinigung Josefs mit Maria stellt unerreichbar fast und doch anziehend eine äußerste Grenze dar, zu der die eheliche Liebe hinstreben muss. Die erstaunlichste Seite der jungfräulichen Verbindung Josefs mit Maria war ihre Fruchtbarkeit. Um seiner Keuschheit willen wurde Josef die schönste aller Vaterschaften zuteil.

Wieder tritt im Vergleich mit den Patriarchen die Erhabenheit des Ideals, das Josef verwirklichte, besser hervor. In der Auffassung der Armut wurde der Unterschied schon erwähnt. Das Ideal jungfräulicher Keuschheit fand noch weniger Verständnis bei den Patriarchen. Einzig wichtig in ihren Augen war die Nachkommenschaft, die man sich möglichst zahlreich wünschte. Jungfräuliche Keuschheit, die diesem Ziel ganz entgegengesetzt ist, musste also ganz unverständlich bleiben. Es ist indes wahr, dass die biblischen Berichte die Nachkommenschaft grundsätzlich als von Gott gegeben sehen. Wunderbare Umstände bezeugen es, so bei Sara, deren Unfruchtbarkeit durch Gottes Eingreifen empfing. Niemals jedoch war der Gedanke aufgetaucht, freiwillig auf menschliche Nachkommenschaft zu verzichten. Als Josef sich zu absoluter Keuschheit entschied, legte er seines Lebens Fruchtbarkeit in Gottes Hände. Er zeigte eine ganz neue Haltung, die über das frühere Ideal der Vaterschaft bei den

Juden weit hinausging. Die Einwilligung in einen solchen Verzicht hätte den Patriarchen ein höchstes Opfer bedeutet. Aber diesem hochherzigen Opfer begegnete Gott mit noch größerer Hochherzigkeit. Josef empfing ein Kind, das in seiner Einzigartigkeit eine viel größere Nachkommenschaft darstellt, als es die Verheißung an Abraham meinte.

Weil das Herz Josefs jungfräulich war, konnte er diesem Kind, der unbefleckten Heiligkeit, eine reinere väterliche Liebe schenken. Die Keuschheit hatte seine Gattenliebe geadelt, sie adelte auch seine Vaterliebe. Sie erlaubte ihm, in Edelmut und Selbstlosigkeit die Tiefe seines Herzens auszuliefern.

In der Vaterschaft Josefs wird klar, dass jedes Opfer des Herzens von Gott Fruchtbarkeit auf höherer Ebene empfängt. Seelen, die zu einem Verzicht fähig sind, um sich tiefer dem Herrn hinzugeben, werden zweifellos fruchtbar in einer höheren Ordnung. Es zeugt auch dafür, dass ein reines Herz zu jener Vaterliebe sich erhebt, die der des himmlischen Vaters ähnlich ist.

Später wird Jesus eine Seligkeit verkünden, die vollends den Sinn der jungfräulichen Reinheit Josefs erhellt: »Selig, die rein sind im Herzen; denn sie werden Gott schauen« (Mt 5,8). Sein von der Keuschheit behüteter Blick hat Gott geschaut. Er hat ihn in inniger Vertrautheit geschaut und in nächster Nähe. Im Kind Jesus war Gott bei ihm und gab sich ihm hin, dessen Herz nicht die leiseste Trübung der Reinheit erfahren hatte.

Eine einfache Seele

Das Leben Josefs scheint sehr einfach gewesen zu sein. Es gab wohl einige außergewöhnliche Ereignisse in seinem Verlauf: die Botschaft des Engels, den Besuch der Hirten in Betlehem, die Weissagung Simeons, den Lobpreis der Prophetin Hanna im Tempel, als Jesus zwölf Jahre alt war. Aber abgesehen von diesen wenigen Begebenheiten, in denen Josef göttliche Wunder erkennen konnte, verlief sein Leben eintönig. Dass es nichts aufzuweisen hatte, war gerade sein hervortretendes Merkmal.

Josefs Arbeit war einfach, eine ganz gewöhnliche Beschäftigung, die sich durch nichts Bemerkenswertes oder Auffallendes auszeichnete. Sein Familienleben war einfach, denn im Kontakt mit Maria und Jesus konnten keine Komplikationen und Schwierigkeiten entstehen. Sein religiöses Leben war einfach, so wie man es in einem kleinen Dorf führt. Man kann sich schlecht vorstellen, dass es mit den ergänzenden Übungen oder kleinlichen Vorschriften der Pharisäer belastet gewesen wäre.

Vor allem aber war Josefs Seele einfach. Er ging mit einer geraden und klaren Seele zu Gott und den Menschen; sie wollte sich vorbehaltlos hingeben. Da seine Redlichkeit nichts von Umwegen wissen wollte, da er den Regungen der Eigenliebe, die ihre eigene Befriedigung sucht, nicht nachgab, konnten Komplikationen keinen Eingang in sein Leben finden. Man weiß, dass das Leben sehr vieler Menschen voll von Schwierigkeiten ist, weil es von der Eigenliebe beherrscht wird. Diese sucht ihre Befriedigung, will ihre Rechte anerkannt wissen, nimmt keine demütigenden Misserfolge auf sich: Eher betrügt sie, um dem Ehrgeiz zum Sieg zu verhelfen. Josef gab sich gewohnheitsmäßig hin, ohne dass man es bemerkte. Darum blieben ihm all die niedrigen Machenschaften, in denen sich Selbstsucht und Stolz auswirken, unbekannt. Betrachten wir ihn z. B. in der verwickelten Lage, als er im Augenblick seiner Verlobung erkannte, dass Maria ein Kind erwartete. Hätte er den Einflüsterungen der verletzten Eigenliebe Gehör geschenkt, so wäre die Lage noch schwieriger geworden. Er hätte den Kummer und die Verwirrung Mariens nur vergrößert, wenn er in seinem Verhalten Empfindlichkeit gezeigt hätte. Stattdessen vereinfachte sich alles, weil Josef sich in der zu fällenden Entscheidung selbst ganz vergaß. Er zeigte keinerlei Unzufriedenheit und bauschte die Sache nicht auf. Seine Entscheidung fasste allein das Interesse Mariens und ihres Kindes ins Auge. Er war der Meinung, dass die unbekannte Empfängnis des Kindes von ihm verlangte, das Geheimnis zu achten und die Vaterschaft nicht anzunehmen, dass aber andererseits der Ruf Mariens es erforderte, sie heimlich zu entlassen.

Weil die Geradlinigkeit seiner Liebe und die Aufrichtigkeit seiner Meinung diese Einfachheit besaßen, genügte auch der Hinweis des Engels, um die Situation ohne Schwierigkeit zu regeln. Wenn Josef zum Nachteil für

Maria seine Eigenliebe hätte sprechen lassen, so wären Schwierigkeiten entstanden und hätten den Verkehr mit seiner Braut peinlich gestaltet. Josef hätte nachher die Atmosphäre des Missverstehens wieder bereinigen müssen. Diese Schwierigkeit gab es nicht. Ohne Erörterung nahm er ganz einfach Maria zu sich in sein Haus.

In dieser Einfachheit handelte Josef stets. Es war die Einfachheit eines demütigen Herzens, das durch Zurücktreten alle Hindernisse beseitigt, die den Weg versperren oder schwierig machen.

Die Einfachheit Josefs war also ein Merkmal seiner Liebe. Es gibt tatsächlich mehrere Arten von Einfachheit. Wir wollen hier nicht von der Einfachheit sprechen, die mit Naivität gleichzusetzen ist oder mit wenig klarsichtigem Vertrauen, das Gefahren und Probleme nicht bemerkt und sich von Illusionen mitreißen lässt. Neben dieser naiven Einfachheit steht die Einfachheit des Menschen, der mit gesundem Menschenverstand die Probleme des täglichen Lebens auf befriedigende Weise löst. – Und es gibt die erhabene Einfachheit des Menschen, der mit einem Blick den Lauf seines Lebens erfasst und bewältigt, weil seine Seele einfach geworden ist in der Liebe des Herrn. Hier handelt es sich um Einfachheit als übernatürliche Gabe der Gnade.

Josef war nicht einfach aufgrund seines Temperamentes oder seines ausgewogenen Urteils, sondern weil seine Seele in der Einheit einer großen Liebe lebte. Diese Liebe löste alle Probleme und überwand alle Hindernisse. Gott zu lieben, sich ihm zu geben, ist in jeder Lage möglich. Menschen, die diese Liebe nicht kennen oder nicht ganz darin leben wollen, machen ihr Leben kompliziert, denn sie lassen sich gehen in Leidenschaften und Forderungen, die sie unmöglich befriedigen können. Der Wunsch zu besitzen, was man nicht erlangen kann, lässt die Schwierigkeiten in der Seele erwachen durch Ärger, Bitterkeit und Empörung. Da Josef nichts wollte, als sich hinzugeben, war sein Weg so einfach.

Darum weist er Seelen, die Einfachheit suchen, den Weg: den Weg der Liebe, die alles und sich selbst ganz hingibt. Je enger eine Seele sich an den Herrn hält, umso mehr vereinfacht sich ihre Seelenhaltung. Es kommt aber auch vor, dass Seelen, die die Einfachheit suchen, zum entgegengesetzten Ergebnis kommen und ihre Seelenverfassung noch komplizierter wird. Sie betrachten zu sehr sich selbst. Vereinfachen kann man sich nur, wenn man auf den anderen schaut, sich selbst vergisst und nur Gott sieht.

In besonderer Weise einfach muss das Gebet Josefs gewesen sein. Jesus hat die Seelen gelobt, die ihr Gebet nicht mit allen möglichen Formeln anfüllen, sondern die aufrichtige Liebe ihres Herzens einfach zum Herrn aufsteigen lassen. Er hat erklärt, es sei nicht nötig, viele Worte zu machen (vgl. Mt 6,7). Josef war der Mann des Schweigens vor allem im Gebet. Auch das war seine Art zu lieben und nicht aufzufallen. Wer spricht, ist in Gefahr, sich selbst zuzuhören und irgendwelche Befriedigung zu finden in dem, was er sagt. Wer schweigt, beschränkt sich darauf, auf den Herrn zu schauen und sich in seiner Gegenwart zu verlieren. Josef hat gewiss das Gebet »des einfachen Blicks« besessen, das ein Merkmal des kontemplativen Betens ist.

Auch im Leiden verlor er nicht die Einfachheit der Seele. Gerade in Prüfungen kann sie sich am besten erweisen. Oft jedoch bewirkt die Prüfung Verwirrung im Leben eines Menschen, macht es belastet und kompliziert. Josef verstand es, seine Seele vor jeder Klage, vor überflüssigem Bedauern und vor trauriger Bedrücktheit zu bewahren. Alle Kräfte seines Innern sammelten sich zur Haltung des Opfers, das alles klärt. Je schmerzlicher ein Ereignis für ihn war, umso mehr bemühte er sich, es aufzuopfern ohne den leisesten Widerstand und in einer Liebe, die alle Grenzen sprengen wollte. Jede nur mögliche Schwierigkeit schwand in dieser hochherzigen Einfachheit.

Die Einfachheit seiner Liebe war ein Widerschein Gottes. Denn die Einfachheit ist eine göttliche Eigenschaft. Sie ist das grundlegende Merkmal des göttlichen Seins. Gott ist das unendlich reiche, aber auch das unbegrenzt einfache Wesen. In seinem Reichtum will er seine Einfachheit geben. Josefs Seele besaß das göttliche Leben in besonders reicher Fülle, darum war sie zutiefst vereinfacht.

In dieser Einfachheit stimmte sie mit Jesu Seele überein. Das Evangelium gibt das Bild und die Lehre des Meisters in erstaunlicher Einfachheit wieder. Das große göttliche Geheimnis, das sich in Christus verbirgt, hindert ihn nicht daran, einfach zu sein: einfach in seinen Empfindungen, in seinem Entgegenkommen, einfach sogar in der Art, seine Wunder zu wirken. Er verstand es, die tiefsten Wirklichkeiten in den einfachsten Worten auszudrücken. Während seines langen Lebens in Nazaret hatte ihn die Einfachheit seiner Seele Josef nahegebracht und Josef hatte Jesus durch sein Beispiel und seine Nähe geholfen, seine göttliche Einfachheit in menschlicher Einfachheit zum Ausdruck zu bringen.

Der Weise

Josefs Einfachheit hinderte ihn nicht daran, wie wir sahen, den ganzen bedrängenden Fragenkomplex unseres Lebens und seine Schwierigkeiten zu bemerken. Er verstand es, die Probleme kühn anzufassen und mit feinem Unterscheidungsvermögen zu lösen. Der einfache Blick, mit dem er alle Dinge umfing, war ein Wesenszug seiner Weisheit.

Wie hätte Josef die ihm anvertraute Familie leiten können, wenn er nicht weise gewesen wäre? Weil er das Haupt der Heiligen Familie sein sollte, erfüllte Gott ihn mit der Weisheit seiner Vorsehung. Er verlieh ihm die Fähigkeit, alle Dinge ihrem wahren Wert entsprechend einzuschätzen, die beste Handlungsweise zu wählen und mit gesunder Klugheit voranzugehen.

Musste Josef im Haus in Nazaret nicht das lebendige Abbild der Weisheit des himmlischen Vaters sein? Er leitet das Leben der Menschen nicht zum allgemeinen Besten, sondern jeden einzelnen Menschen zu seinem eigenen Besten. Josef musste die kleinsten Bedürfnisse der Mutter und des Kindes Jesus wahrnehmen. Er musste seine kleine Familie auf dem für alle besten Weg leiten und ihr Leben teilen.

Seine Sendung war es, die Sendung Jesu vorzubereiten, der sich der Welt als der weiseste Herr offenbaren wollte.

Der Heilige Geist, der seine Weisheit in der Predigt und der Wirksamkeit Jesu kundtun wollte, hatte zuerst Josefs und Mariens Seele in der Weisheit formen wollen, die Jesus bei der Verkündigung seiner Botschaft an die Welt dienlich sein konnte.

Es ist durchaus richtig, dass Christus die Weisheit selbst war. Er besaß sie nicht nur, sondern war die Weisheit, denn das unterscheidende Merkmal seiner göttlichen Person ist das Denken. Als Sohn Gottes ist er der Gedanke des Vaters, seine Person gewordene Weisheit. Diese Weisheit bildete den Grund seiner Person. Er konnte sie also nicht von Josef empfangen. Josef ermöglichte jedoch der göttlichen Weisheit, sich als Mensch noch tiefer im menschlichen Lebensbereich zu verwurzeln, von wo sie ausstrahlen sollte.

Weil Josef mit der Weisheit des Heiligen Geistes erfüllt war, wiesen seine Überlegungen sowohl eine übernatürliche als auch eine natürlich realistische Sicht auf. Josef gehörte nicht zu den Menschen, die sich von der Idee oder dem Ideal in einem Maß einnehmen lassen, dass sie den Boden unter den Füßen verlieren und nicht mehr mit den irdischen Bedingtheiten rechnen. Er schaute nach oben, unterließ es aber nicht, Menschen und Dinge zu beobachten und auf sie zu hören. Er war ein Mann seiner Zeit und seines Umfelds an dem Platz, den er in seinem Dorf einnahm. Somit konnte Jesus sich im Kontakt mit ihm um eine ganze Lebenserfahrung bereichern. Was Josef dachte und sagte, war die Frucht einer Weisheit, die aus der Natur und den Menschen und den tausend Ereignissen eines Lebens hervorging.

Dank dieser Erfahrung fand Jesus für seine Botschaft Worte, die der Erde und dem Milieu, in dem sie geformt wurden, heute noch ganz nahe zu sein scheinen. Sie sind erfüllt von Beobachtungen aus dem Bereich des Lebens in Palästina. Ist Jesus nicht durch Josef an diese realistische Sehweise, die die Aufmerksamkeit auf die kleinen Dinge lenkt, gewöhnt worden?

Während Josef das Kind zur aufmerksamen Erfassung der Dinge anleitete und es mit seinem ausgewogenen Urteil beeinflusste, fühlte er sich doch sehr bald von der Weisheit überholt, die er in Jesus wachsen sah. Der Bericht des Evangeliums lässt uns erraten, in welch stiller Bewunderung Maria und Josef vor der Entfaltung dieser Weisheit standen. Wir bemerkten schon, dass diese erhabene Weisheit Josefs Verstand mit einem neuen Licht erfüllte und ihn tiefer einführte in die Geheimnisse der Menschwerdung.

Die Erhabenheit dieser Weisheit wird die Bewohner von Nazaret, wenn sie Jesus sprechen hörten, ausrufen lassen: »Woher hat er diese Weisheit und die Machttaten? Ist das nicht der Sohn des Zimmermanns?« (Mt 13,54–55). Die Hörer werden begriffen haben, dass Jesu Weisheit bei Weitem über das hinausging, was man von dem Sohn eines Zimmermanns erwarten konnte. Sie werden diese Bemerkung mit allem Recht machen. Sie hätten mit dieser Beobachtung sogar zum Glauben geführt werden können, wäre ihr Geist offen und empfänglich gewesen. Nur eine Weisheit göttlichen Ursprungs konnte die Worte Jesu erklären.

Und doch war Jesus in der Art, seine Weisheit zu offenbaren, der Sohn des Zimmermanns. Ohne dass seine

Hörer sich Rechenschaft darüber gaben, ließ sich Josefs Weisheit in seinem weisen Urteil erspüren. Josefs Art zu sehen, zu urteilen und zu handeln, blieb den Unterweisungen des Meisters für immer anhaften.

Doch worin genau bestand diese Weisheit Josefs? In der Geschichte der Patriarchen hat man den Mann, der denselben Namen trug, gerade seiner Weisheit wegen hervorgehoben. Der Sohn Jakobs, dessen Geschichte ausführlich im Buch Genesis erzählt wird, hat den Beweis einer umso bemerkenswerteren Weisheit erbracht, als er in einem Land lebte, das wegen seiner Weisheit berühmt war: Ägypten. Er zeichnete sich nicht nur durch die Gabe der Traumdeutung aus, sondern überwand mit der Kraft seines Verstandes und seiner Geschicklichkeit die gefährlichsten Situationen. Es gelang ihm auch, sich einen einflussreichen Posten zu sichern, bei dem die Weisheit seiner Verwaltung Bewunderung hervorrief. Der Zimmermann von Nazaret führte ein weniger bewegtes und auffälliges Leben. Seine Weisheit trat weder im Erfolg hervor noch hat sie ihm Ansehen und irdischen Ruhm verschafft. Sie richtete sich weder auf denselben Gegenstand noch erstrebte sie dasselbe Ziel.

Im Unterschied zu Josef von Ägypten hat Josef von Galiläa sich nicht durch Erfolg in zeitlichen Geschäften hervorgetan, denn seine Weisheit erbrachte ihm weder Besitz noch Ehre noch eine einflussreiche Stellung. Sie hielt ihn vielmehr davon ab und lenkte seine Interessen den Werten des Gottesreiches zu. Wäre Josef ein Weiser dieser Welt gewesen, hätte er zur Zahl jener gehört, denen der Vater seine Offenbarung versagt. Vergleicht man Josef mit seinem

Ahnherrn, so steht man vor dem Umsturz der menschlichen Weisheit durch die göttliche Weisheit. In den Augen Gottes ist die rein menschliche Weisheit nichts als Sinnlosigkeit, denn sie klammert sich an sichtbare Güter, die Schein sind und keinen Bestand haben. Göttliche Weisheit flößt dem Menschen das Verlangen nach höheren Gütern ein und führt ihn zum Ideal des Verzichts auf irdische Güter und irdische Freuden. Diese Weisheit hatte Josef veranlasst, sich für Maria zu entscheiden. Für diese Wahl allein hätte er den Titel »der Weise« verdient. In seiner Weisheit verzichtete er auf das, was andere Menschen in der Ehe suchen, und wählte kühn eine jungfräuliche Liebe.

Diese Weisheit bestimmte ihn auch, die Vaterschaft auf sich zu nehmen, obwohl er wusste, dass er als Haupt der Familie an Würde Maria und Jesus nachstand. Er freute sich, in dem ihm anvertrauten Kind dem messianischen Reich, das sich in ihm ankündigte, in Demut zu dienen. Er begriff, dass es wahre Weisheit war, sich zu erniedrigen, um diesem Reich zu dienen.

Als Erster mit Maria fasste er bewusst das Erlösungsopfer ins Auge, schwieg in Weisheit und nahm es an. Als er die Ankündigung Simeons vernahm, verspürte er nichts von der Auflehnung und dem Unglauben der Jünger, die sich zeigten, als Jesus sein Leiden vorhersagte. Er brach nicht in Beschwörungen aus wie Petrus, der in schlecht verstandener Liebe dem Herrn erklärte: »Das darf nicht mit dir geschehen!« Er zögerte nicht einen Augenblick, sich auf die schmerzliche, alle Erwartungen umstürzende Zukunft einzustellen. Seine Hingabe vollzog sich in diesem Geist.

Bescheiden und verborgen blieb Josef trotz seiner Weisheit, aber sie passte sich in aller Größe dem ungeheuren Geheimnis an, dessen Zeuge er war. Da sie von Gott war, ging sie in die göttlichen Absichten ein, die wunderbar und verwirrend zugleich waren.

Treu in seiner Liebe

Schöner noch als das Erwachen der Liebe ist die Beharrlichkeit in der Treue.

Eine eben sich erschließende Liebe hat etwas von poetischer Erregung an sich, die die Hingabe an den anderen erleichtert. Aber dieser innere Schwung kann sich im Laufe der Zeit abnutzen. Sind die ersten Augenblicke der Begeisterung verflogen, dann sieht sich der Liebende einer Wirklichkeit gegenüber, die weniger angenehm ist, als er es ahnen konnte. Jetzt ermisst er besser die Anforderungen, die das Opfer seiner selbst einschließt: Er steht dem Problem der Treue gegenüber. Wird er in der Liebe ausharren, wenn er nicht mehr die erste Anziehung empfindet, wenn sein Gefühl sich weniger angesprochen fühlt?

Josef hat die Hingabe seiner selbst nachher nicht mehr infrage gestellt. Seine echte, starke Liebe ist treu geblieben bis zum Ende. Josef war Gott treu, dessen Willen er unter allen Umständen ganz angenommen hatte. Er ist auch Maria treu geblieben und hat in aller Ehrfurcht vor dem persönlichen Geheimnis seiner Braut ein vollkommenes Einvernehmen ohne Trübung und ohne jeden Vorbehalt beibehalten. Er ist Jesus treu geblieben und hat ihm, ohne aufzurechnen, seine väterliche Liebe erwiesen. Er wollte nur das Beste für das Kind.

Seine Treue Jesus und Maria gegenüber war in seiner Treue zu Gott begründet. Die Liebe zum Herrn erfüllte die Tiefe seiner Seele und erklärt sein ganzes Verhalten. Seine Ehe mit Maria zeichnet sich durch erlesene Treue aus, aber ihr tiefster Beweggrund war die Treue beider Gott gegenüber. Die Treue Gott gegenüber führt zur gegenseitigen Treue.

Die Geschichte des israelitischen Volkes zeigt weithin, wie sehr Gott die Treue der Liebe schätzt. Das Drama einer Braut, die ihre Liebe verraten hat, ist das Thema dieser Geschichte. Der Herr hatte der Bräutigam des auserwählten Volkes sein wollen. Er, der idealste Bräutigam, bot die schönste Liebe und blieb ihr trotz aller Hindernisse treu. Aber Israel antwortete immer wieder mit auffallender Untreue. Darum wurde das Volk mit einer untreuen Braut verglichen.

Josef kannte die Anschuldigungen, die von den Propheten im Namen eines in seiner Liebe verletzten Bräutigams ausgesprochen worden waren. Er wollte die Treue, die Gott von seinem Volk erwartete, in seinem persönlichen Verhalten bewahren. Es ging ihm nicht allein um die beharrliche Erfüllung des göttlichen Gesetzes, vielmehr trug er die beständige Großmut eines Herzens in sich, das alles aus Liebe erfüllt. Gott erwartet diese tiefe Treue – das wusste Josef.

Seine und Mariens Treue brachten eine Wende in der Geschichte der Menschheit. Im Gegensatz zu Israels Vergangenheit ließ sie die absolute Treue der Kirche voraussehen, die von nichts berührt oder getrübt werden kann.

So fand Gott endlich in der treuen Seele Josefs, was er in den Menschen sucht. Seine Liebe erhielt die Antwort, die sie immer ersehnt, die Antwort der hochherzigen, beharrlichen Entschiedenheit. Er, dessen Liebe ewig ist, kann sich mit einer überdrüssigen, ständig schwankenden Liebe bei denen, die er liebt, nicht zufriedengeben. Er freute sich, in Josef eine nicht zu erschütternde Beständigkeit der Liebe und eine stille Entschiedenheit in der Hingabe zu finden. Wie Maria, so machte Josef dadurch die erste Untreue der Menschen und die Untreue des jüdischen Volkes wieder gut. In Josef und Maria verschaffte sich Gott Genugtuung, dass zu Beginn der Menschheitsgeschichte Adam und Eva einen Verrat an der göttlichen Freundschaft begangen hatten. Der Sieg der Gnade war bei Weitem größer als der Sündenfall. Ein Augenblick der Untreue wurde durch die Treue eines ganzen Menschenlebens gesühnt. In jedem Augenblick schenkten Josef und Maria Gott die ganze Treue ihres Lebens. Was Gott von den ersten Menschen verlangt und nicht erhalten hatte, empfing er schließlich in nie versagender Vollkommenheit von dem demütigen Paar in Nazaret. Dort siegte er durch die Hingabe zweier Herzen, die ihm eine Liebe ohne Vorbehalt in unwandelbarer Treue schenkten.

Und doch bleibt unbestritten wahr, dass Gott selbst der Urheber dieser Treue war.

Der Mensch ist schwach und schwankend und von sich aus ist er einer steten Treue nicht fähig. Sein Verhalten ist der Veränderlichkeit seiner Empfindungen ausgesetzt. Er läuft Gefahr zu fallen, wenn seine Liebe die Gemütserregung, die ihre Glut unterhielt, verliert. Darum wird jeder Mensch, der sich in seiner Liebe ausschließlich auf die eigene Kraft seiner Treue verlässt, plötzlich seine

Schwäche erfahren. Wie viele Menschen glauben an die ewige Dauer ihrer Liebe und müssen sich schon bald eingestehen, einer Illusion erlegen zu sein.

Josef glaubte auch an die Dauer seiner Liebe, aber er sicherte sie in Gott allein. Die Offenbarung des Alten Testamentes hatte ihn gelehrt, dass im Gegensatz zu der stets schwankenden und irrenden menschlichen Treue die göttliche Treue festgeblieben war wie ein Fels. Gott war ständig durch die Handlungsweise der Menschen enttäuscht worden, dennoch konnten die Menschen über die nie endende göttliche Liebe staunen. Niemals ließ sich diese Liebe der empfangenen Feindseligkeiten und Gleichgültigkeit wegen entmutigen. Immer blieb diese Liebe bereit, den guten Menschen zu stützen. Deshalb hatte Josef all sein Vertrauen auf sie gesetzt. Er öffnete seine Schwäche der göttlichen Treue, damit sie zur menschlichen Treue werde.

Er wusste zudem, dass Gott für die messianische Zeitepoche ausdrücklich versprochen hatte, die Treue derer zu sichern, mit denen er den ewigen Bund schließen wollte. So begriff Josef, dass seine Treue bereits ein Teil der Gnade war, die Jesus den Menschen brachte. Auf diesem Fundament blieb Josefs Treue in allen Ereignissen des Lebens beständig.

Welche Stöße und Prüfungen sein Leben auch erfuhr, Josef bewahrte die Großmut der Hingabe. In den Augenblicken des Dunkels und der Müdigkeit, wenn die Seele an nichts mehr Geschmack findet und versucht ist, alles anzuzweifeln, ließ er sich nicht vom Weg abbringen. Er hielt ohne Zögern aus. In der Stunde der Versuchung zeigte er sich unbeugsam, ohne auch nur im Geringsten einem Wohlgefallen am Bösen, das Satan ihm vorstellte, nachzugeben. Er wusste, dass es in einem solchen Augenblick nichts zu diskutieren gab. Man muss ganz einfach treu bleiben wollen und klar und radikal Satans Einflüsterung abweisen.

Josef verstand es auch, in den kleinen Dingen ebenso treu zu sein wie in den großen. In den kleinsten Einzelheiten seines Lebens war es von seiner großen Liebe erfüllt. So gab er weder der Laune noch den Regungen des Instinkts nach, die sein Verhalten auf alle mögliche Weise hätten verändern können. Er entsprach in allem dem Willen Gottes, ohne auf die Eindrücke des Augenblicks und auf Erregungen zu achten. Seine Treue richtete sich auf den anderen Menschen und nicht zunächst auf sich selbst und die verschiedenen Umstände seines Lebens. Um zu handeln, schaute er auf Gott.

Lieben und einer Liebe antworten, das war Josefs Treue. Vielleicht glaubt man, die Treue wäre eintönig, langweilig, leblos. In Josef war sie intensives Leben, das Leben einer Liebe, die ständig quillt und sich unter allen Umständen erneuert, einer Liebe, die in schweigender Hingabe heroisch sein kann und den Menschen dazu drängt, sich vollkommen hinzugeben.

Der Mann der Hoffnung

Als der Engel zu Josef sagte, das Kind Mariens sei der Erlöser seines Volkes, war seine Überraschung groß. Aber diese Ankündigung fand seine Seele nicht unvorbereitet. Diesen Erlöser erwartete Josef mit der ganzen Glut seiner jüdischen Seele.

Gerade die messianische Hoffnung zeichnete die Religion der Juden aus. Der Eifer der religiösen jüdischen Seele wandte sich der Zukunft zu, einer wunderbaren Zukunft, in der der Messias seinem Volk Heil bringen und ein Königreich gründen würde, dessen Herr Gott selbst sein sollte. Von dieser Hoffnung war Josef tief durchdrungen. Er erwartete noch ungeduldiger als andere Juden den Anbruch dieser neuen Zeit.

Viele erwarteten den Messias vor allem einer politischen, nationalen Neuordnung wegen. Die fremde Besatzung ließ das Heimweh nach Freiheit und Unabhängigkeit nur noch schmerzlicher werden: Der Messias stand vor ihnen als der Befreier des Volkes, das selbst nicht imstande war, die Befreiung zu erlangen. Auch Josef hegte den Wunsch nach nationaler Befreiung. Seine Hoffnung jedoch ging weit über das Niveau politischer Erwartungen hinaus. Er erinnerte sich an die prophetischen Aussprüche, die einen neuen Bund ankündigten, in dem das

Volk in »einem neuen Geist und mit neuem Herzen« (Jer 31,31–33; Ez 36,25–29) wirklich seinem Gott angehören würde. Das ideale Volk der Zukunft sollte mit göttlicher Heiligkeit erfüllt werden. Diese geistige Erneuerung erwartete Josef an erster Stelle.

Die Botschaft des Engels gab seiner Hoffnung neuen Aufschwung. Sie war in einem wesentlichen Punkt bereits erfüllt: Der Messias war da, er war inmitten der Menschen gegenwärtig und diese Gegenwart bedeutete unfehlbar die Nähe der Befreiung und der Erneuerung der Seelen.

Er lebte Seite an Seite mit Jesus. Da musste seine Hoffnung sich mehr und mehr entfalten. Das Kind strahlte die Reinheit aus, die die Reinigung bereits erkennen ließ, die Gott den Sündern versprochen hatte. In ihm lebte eine solche Heiligkeit, dass Josef in ihr die göttliche Heiligkeit erkennen konnte, die im Begriff stand, sich den Menschen mitzuteilen. In ihm sah er den neuen Geist und das neue Herz, die der neuen Menschheit bestimmt waren. Darum sehnte er sich immer mehr nach der Gründung eines neuen Bundes. Je mehr das Kind heranwuchs, umso mehr spürte er seine ausstrahlende Gnade, umso mehr auch wünschte er, dass andere Menschen davon beeinflusst würden. Er hatte das Vorrecht, in Gegenwart der vorbildlichen Vollkommenheit zu leben, nach der das neue Menschengeschlecht aufgebaut werden sollte. Deshalb ersehnte er diesen Aufbau immer glühender.

Im Kontakt mit Jesus wurde seine Hoffnung ganz übernatürlich. Josef begriff, dass dieses Kind, dessen Leben ganz gewöhnlich verlief, sich nicht auf eine politische

Laufbahn vorbereitete. Seine Vollkommenheit gehörte einer anderen Ordnung an. Die Weisheit, die sich in ihm entfaltete, richtete sich nicht auf die Laufbahn eines Tribuns, auch nicht eines militärischen Machthabers oder Verwalters eines Landbesitzes. Seine Weisheit sorgte sich um Gott, um den geistigen Fortschritt der Menschen. Jesus bewies, dass er nur für ein göttliches Reich gekommen war, das keinen gemeinsamen Maßstab mit den Königreichen der Welt besitzt. Ohne dass Josef ihn je von seinen Plänen sprechen hörte, erriet er in der Persönlichkeit des Kindes und des jungen Mannes die übernatürliche Absicht. So wandte auch seine Hoffnung sich mehr und mehr der geistigen Sicht der Erneuerung zu, die der Messias vollziehen sollte.

So wurde aus dem mit dem Wachstum des Erlösers so innig verbundenen Leben Josefs eine unaufhörlich wachsende Hoffnung. Maria und Josef gaben Jesus das Zeugnis, dass die Welt eine bessere Zukunft ersehnt. Gott kann die Fülle seiner Gnaden nur den Menschen vermitteln, die ihre Seelen der Sehnsucht öffnen, sie zu empfangen. Im Namen aller Menschen, die nach Befreiung und Erhebung der Seele dürsten, enthüllte Josef dem Kind Jesus die Glut seiner Erwartung. Seine Hoffnung war ein flehender Ruf an den Erlöser, nicht mehr zu zögern, sondern sein Werk zu vollbringen.

Josefs Verhalten beweist die Bedeutung der Mitarbeit, zu der wir berufen sind, um durch unsere Hoffnung dem Werk Gottes zu dienen. Gott verlangt von uns diese Haltung der Hoffnung, wie er sie von Josef verlangte, damit wir die Wohltaten des Heils in Fülle erlangen können. Er liebt Menschen, die sich ihm in sehnsüchtiger Erwartung zuwenden. Josef konnte nicht direkt und sichtbar an der Wiederaufrichtung des Gottesreiches mitarbeiten, doch er lehrt uns, durch das innere Verlangen des Herzens an der Ausbreitung des Reiches Christi mitzuwirken. Er kann uns helfen, aus unserer Hoffnung ein Beten zu machen, das die göttliche Gnade auf die Menschheit herabzieht.

Er gibt das Beispiel einer weit ausschauenden Hoffnung. Manchen Menschen ist es zu eigen, nur die individuelle Seite der Hoffnung ins Auge zu fassen. Gewiss muss der Mensch sein eigenes Heil erhoffen und die Gnade erwarten, die ihm zum ewigen Glück verhilft. Er muss auf ein jenseitiges Leben hoffen, das besser ist als das irdische. Aber die Hoffnung darf sich nicht auf die persönliche Zukunft beschränken, sie sieht dies nicht einmal an erster Stelle. Sie ist vor allem die Erwartung des Heils für die ganze Menschheit und kann keine anderen Grenzen haben als die Welt. Das verborgene und demütige Leben Josefs in Nazaret war von dieser grenzenlosen Sehnsucht erfüllt. Das Schicksal des jüdischen Volkes und der ganzen menschlichen Gemeinschaft bildeten den Hauptgegenstand seiner Hoffnung.

So lenkt Josef uns hin zu einer Ausweitung unseres Verlangens. Er fordert uns auf, unsere Hoffnung nie auf unser eigenes Schicksal oder auf eine Gruppe von Menschen zu beschränken, sondern sie auf die Ausbreitung des ganzen Gottesreiches in unserer Welt auszurichten.

Er lädt uns auch ein, unsere Hoffnung auf ein übernatürliches Niveau zu heben. Gewiss ist das Streben der Menschheit nach Wohlstand, nach kultureller Entfaltung, nach einer guten Zivilverwaltung berechtigt und verdient, unterstützt zu werden. Aber der Gegenstand der christlichen Hoffnung ist erhabener. Sie richtet sich auf das Heil der Seelen, auf das ihnen angebotene göttliche Leben, die ewige Bestimmung, die sich für sie im irdischen Leben entscheidet. Josef unterschied sich von seinen Landsleuten durch den übernatürlichen Charakter seiner Hoffnung. Er richtet unsere Aufmerksamkeit auf die geistigen Werte, die wir ersehnen und erhoffen sollen. Die übrigen Güter haben nur vorübergehend Wert, sie können verloren gehen oder müssen geopfert werden. Aber das ewige Heil zu erhoffen, darf man nie müde werden. Es ist das höchste Gut, das die Sehnsucht der Menschen allein erfüllen kann. Josef hilft uns also, unsere Hoffnung zum Himmel zu erheben.

Schließlich regt er uns an zur persönlichen Vereinigung mit Christus, der unsere Hoffnung stützt und entfaltet. Gewiss lebte Josef immer schon in glühender Hoffnung, aber sie hat sich doch verwandelt von dem Augenblick an, als er in inniger Vertrautheit mit Jesus verbunden war. Der Anblick des Erlösers machte seine Hoffnung sicher. Er wusste, dass er bereits besaß, was er erhoffte. Diese Sicherheit ist der christlichen Hoffnung zu eigen, weil wir den schon in uns besitzen, der unser Glück für die Ewigkeit sein soll. Je mehr wir uns an ihn klammern, je mehr wir von ihm leben, umso echter und gewisser wird unsere Hoffnung ihren Aufschwung nehmen.

In dem kontemplativen Blick, den Josef auf Jesus richtete, verstand er besonders, dass seine Heiligkeit und seine Liebe wirklich imstande waren, das Böse in der Welt zu überwinden. Wenn ihn die verwirrende Schlechtigkeit oder die hartnäckige Verkehrtheit mancher Menschen zuweilen erschreckten, so beruhigte ihn die Gegenwart des Kindes, dessen geistige Macht stärker zu sein versprach als alles Böse. Er glaubte an den Sieg des Erlösers trotz des von Simeon angekündigten Widerspruchs. Er ermutigt uns, mit ihm zu hoffen trotz aller menschlichen Fehler und, weil wir schon den Sieg des auferstandenen Christus kennen, optimistisch zu bleiben auch bei allen Prüfungen, die die Kirche ertragen muss. Da sich unsere Hoffnung auf den Erlöser stützt, wird sie mit ihm siegen.

Der Apostel in der Verborgenheit

Die Hoffnung Josefs lässt sein apostolisches Herz erkennen. Er lebte für das Heil der Welt; dahin gingen seine Gedanken und tief empfundenen Wünsche.

Josef konnte nicht Apostel sein wie die Jünger Christi, die in die Welt gesandt wurden, um das Evangelium zu verkündigen und die Kirche zu gründen. Er erfuhr kein Pfingsten des Heiligen Geistes, der aus den Fischern von Galiläa glühende und erfolgreiche Prediger machte; er erlebte auch nicht den eindrucksvollen Aufschwung der Kirche in den ersten Jahren und hatte an ihrer Ausbreitung keinen Anteil.

Er war Apostel schon vor der Gründung der Kirche und das, ohne sein Dorf zu verlassen. Er bereitete sie vor und wirkte mit, ihr die Seelen zuzuführen.

Ohne Gelegenheit zur Ausübung eines äußeren Apostolates zu haben, besaß Josef ein tief apostolisches Herz: Seine vorherrschende Sorge wandte sich den Seelen zu, die fern von Gott in der Gefahr lebten, verloren zu gehen. Die sorgende Liebe, den Sündern zu helfen, die während des öffentlichen Lebens in Jesus so stark hervortrat, hatte vorher schon das Herz Josefs ergriffen. Das Elend seiner Umgebung rührte ihn tief; die Verirrung der Seelen bereitete ihm Kummer. Er wusste, dass sie eines Hirten bedurften, um erleuchtet und geführt zu werden. Schon die Propheten hatten die Sünden des Volkes getadelt, und Josef musste feststellen, dass sie immer noch nicht geschwunden waren. Er ging nicht mit geschlossenen Augen durch die Welt, er wich einer peinlichen Situation nicht aus, um eine selbstzufriedene Ruhe genießen zu können. Zwar lebte er in der Freude der göttlichen Liebe, verlor aber deswegen die übrigen Menschen nicht aus den Augen, sondern empfand tiefes Mitleid mit der geistigen Not einer großen Anzahl von Menschen.

Was aber konnte er tun, um in dieser Lage zu helfen? Konnte seine Anteilnahme für Seelen in Schwierigkeiten und Gefahr wirksam werden und wirklich Hilfe bringen? Josef war nicht imstande, das zu tun, was Jesus tun wollte; er war auch nicht dazu berufen. Ohne den Glauben an den Wert des Gebetes hätte er sich ganz unfähig fühlen müssen.

Nun konnte er aber mit menschlichen Mitteln dem Elend der Seelen nicht abhelfen; darum nahm er umso eifriger seine Zuflucht zu Gott und flehte ihn an einzugreifen. War er Zeuge eines Lebens, das dem Abgrund zuzueilen schien, dann empfahl er Gott das Anliegen; er blieb überzeugt von der göttlichen Allmacht, die alles retten kann, weil sie immer über die nächsten Mittel zu helfen verfügt. Er wusste, welch geheime Macht das Gebet über das Herz Gottes hat, wenn es aufrichtig und eifrig ist; er war sicher, dass nicht eine einzige seiner Bitten fruchtlos sein würde. Je mehr er sich der Sünde und der Menge des Bösen gegenüber nicht gewachsen fühlte, umso mehr zählte er darauf, dass die göttliche Barmherzigkeit sich durch sein Gebet beeinflussen lassen wird.

Josef betete in bestimmten Anliegen, die ihm bekannt waren. Wie viele Menschen, die ihr Leben besserten oder umwandelten, haben ihm die Gnade dazu verdankt! Mehr noch betete er um die Ankunft des Heils, damit das Reich, das Jesus gründen wollte, so schnell wie möglich eine große Anzahl Seelen erreichen könne. Schien es ihm nicht, als erwarte der Herr dieses Flehen, obwohl er die Absicht hatte, das Heil zu gewähren? Sollte es nicht erwirken, dass Gnaden größeren Umfanges den Seelen zugewandt würden? Zwar war das Beten Josefs beschaulich, aber deswegen nicht weniger apostolisch; er machte sich ganz eins mit dem Erlöserwillen Gottes.

So wurde Josef mit Maria der Begründer eines Apostolates, das in der Kirche zu allen Zeiten Vertreter finden wird: das Apostolat des Gebets. Er lenkt unsere Aufmerksamkeit auf die Vorrangstellung, die das Gebet für die Ausbreitung des Reiches Gottes einnimmt. Die apostolische Tätigkeit muss durch Gebet vorbereitet werden; die Strahlkraft der Kirche hängt in erster Linie von der Gebetskraft ab, die sich in der Seele ihrer Mitglieder verbirgt. Manche Menschen sind in besonderer Weise von Gott zu dieser Aufgabe berufen; das kontemplative Ordensleben ist das erhabenste Beispiel eines Lebens, das die apostolische Fruchtbarkeit einzig vom Gebet erwartet. Auch Josefs Leben als Arbeiter hatte sich dieser Richtung der Innerlichkeit zugewandt.

Außerdem opferte Josef in Verbindung mit dem Gebet alle Ereignisse seines Lebens in apostolischer Meinung auf. Neben dem eigentlichen Gebet, das sich direkt an Gott wendet, können die tausenderlei Ereignisse des täglichen

Lebens Gebetskraft erlangen, wenn sie liebend angenommen und Gott dargebracht werden. Nicht allein durch den Blick, der sich bittend auf den Herrn richtete, und durch die Bitten, die er ihm vortrug, erlangte Josef Gnaden für andere, sondern auch durch sein Tun und Lassen. Er flehte Gott an, indem er ihm seine Arbeiten, seine Mühen und Freuden schenkte. Alles, was sein Leben ausmachte, wurde zum Apostolat. Er war überzeugt, dass selbst die bescheidenste Gabe Gott rührt und von ihm apostolische Fruchtbarkeit empfängt.

Er wusste auch, dass die Leiden bei dieser täglichen Opferung Gott besonders angenehm sind und am meisten dazu beitragen, dass den Seelen unsichtbare Gnade zuteilwird. Das Opfer nahm im jüdischen Kult ja eine bevorzugte Stellung ein; man hielt es für ein mächtiges Mittel, um die göttliche Gunst zu erlangen, den beleidigten Gott um Verzeihung zu bitten und den Sündern die Reinheit des Herzens zurückzugeben. Josef hatte verstanden, was die Propheten bereits angedeutet hatten, dass die rituellen Opfer Symbole waren und dass Gott ein wahres Opfer verlangt: ein Herz, das sich in all seinen Willensäußerungen hingibt. Ein Teil dieses Opfers war das Leid seines Lebens; es erhöhte seinen Wert.

Außerdem hatte die Weissagung Simeons ihn ganz besonders erleuchtet über den großen Wert des Schmerzes, der die Erlösung charakterisierte. Diese Weissagung hatte ihn persönlich zwar geschont, das Schwert wurde seiner Braut allein angekündigt. Josef aber wollte mit dem Leiden Jesu, das Maria traf, vereinigt sein. Er hatte nur einen Wunsch: nach Möglichkeit am Werk des Erlösers mitzuwirken. In dieser Haltung war er zu allen Opfern bereit.

Glühend ersehnte Josef die Befreiung der in der Sünde gefesselten Menschheit; das erhielt seinen Mut aufrecht, wenn die Last des Lebens besonders schwer drückte. In den Leiden, die ihm zufielen, richtete sich seine Aufmerksamkeit auf den großen Schmerz, der dem Erlöser und seiner Mutter angekündigt worden war; im Vergleich mit dem großen Opfer, das sie erwarteten, kamen seine Mühen ihm gering vor; er versuchte, ihnen in diesem Opfer durch seine Großmut würdig zu begegnen.

Niemals zeigte er ein missmutiges Gesicht; aus ganzem Herzen opferte er seine kleinen und großen Leiden.

Josef trug sein Opfer sogar mit großer Freude zu Gott. Er dachte nicht an den Schmerz, den er empfand, sondern an das Gute, das für andere daraus wird. Sein apostolischer Sinn ließ ihn froh alles Schmerzliche, Langweilige, Ärgerliche und Schwierige des Lebens ertragen.

Josef erinnert uns daran, dass es ein verborgenes Apostolat gibt, das nicht weniger wirksam ist als die apostolische Tätigkeit. Er fordert uns auf, wie er an die unsichtbare, heilkräftige Fruchtbarkeit unserer kleinsten Handlungen zu glauben, besonders an die geistige Frucht, die Gott unseren Opfern für andere Seelen verleiht. Nicht alle Seelen können eine weite apostolische Tätigkeit entfalten; alle aber können sich dem Herrn in dieser Meinung hingeben; wie Josef können sie mit ihren Mühen und ihrer persönlichen Unfähigkeit alles aufopfern, was sie sind und tun. All das wandelt sich ganz sicher um in einen Fortschritt des Reiches Christi in dieser Welt.

Der Tod

Das Evangelium berichtet den Tod Josefs nicht, ebenso wenig wie es den Tod Mariens schildert.

Verschiedene Umstände des evangelischen Berichts lassen aber darauf schließen, dass Josef vor Beginn des öffentlichen Lebens Jesu gestorben ist. Josef tritt im öffentlichen Leben Jesu gar nicht in Erscheinung; es ist bezeichnend, dass er mit den Familiengliedern, die Christus zu Beginn seines Apostolates suchten, »den Brüdern Jesu«, nicht genannt wird (Mt 12,46; Mk 3,31; Lk 8,19).

Im Evangelium nennen die Bewohner Nazarets Jesus »den Zimmermann, den Sohn der Maria« (Mk 6,3). Das bedeutet, dass er der Sohn einer Witwe war und das Handwerk Josefs weiterführte. Auch im Abendmahlssaal, als man die Herabkunft des Heiligen Geistes erwartete, bestätigt sich die Abwesenheit Josefs. Zu seinen Lebzeiten wäre sie bei dieser Gelegenheit ganz undenkbar gewesen. Alles legt also die Annahme nahe, dass Josef die Erde verlassen hatte, ehe Jesus sein Predigtamt antrat.

Wir verstehen übrigens, welchen Grund dieser Tod im Plan der göttlichen Vorsehung haben konnte. Josef nahm in Nazaret die Stelle des Vaters Jesu ein und wurde von allen, die das Kind heranwachsen sahen, als solcher angesehen. Als Christus sich der Welt offenbaren wollte, musste der Schleier fallen, der die wahre Abkunft des Kindes verhüllte. Jesus musste zeigen, dass Gott selbst sein Vater war. Dieser Offenbarung wäre Josef zum Hindernis geworden. Zumindest hätte seine Gegenwart Widerspruch hervorrufen können, weil der Erlöser nicht »mein Vater« sagen konnte, ohne Sprachverwirrung hervorzurufen.

Dieses Hinscheiden gehört zum Weg des bescheidenen Handwerkers von Nazaret. Es passt zu seinem Ideal, dem Herrn an der ihm zugewiesenen Stelle zu dienen. Sobald das Werk getan war, zog Josef sich zurück und legte seinen Tod ebenso wie sein Leben in die Hände Gottes.

Gewiss war es ein Opfer, Jesus und Maria, mit denen er so lange in nie getrübtem Einvernehmen gelebt hatte, zurückzulassen. Eine solche Vertrautheit ist unvergesslich. Maria war eine vollkommene Gattin gewesen; auf ihrem Angesicht lag sicher immer ein freundliches Lächeln. Sie hatte alles gehalten, was die erste Begegnung erhoffen ließ, hatte vielmehr im Laufe der Zeit sich noch viel besser gezeigt, als Josef voraussehen konnte. Auch Jesus hatte sich größer und bewunderungswerter offenbart, als die Botschaft des Engels ahnen ließ. Er war die überraschende Entdeckung Josefs gewesen, der über alle Gaben des heranwachsenden Knaben staunte. Es war ihm sicher ein tiefer Schmerz, die zu verlassen, die das Glück seines Lebens gewesen waren, denen er alle Liebe und Hingabe seines Herzens geschenkt hatte.

Der Schmerz war umso größer, als Josef von der Erde scheiden musste, ehe Jesus das große Erlösungswerk für die Menschheit vollbracht hatte. Als das Kind größer wurde, hatte er sich gefreut, weil die Stunde des Heils näher kam. Er hatte sehnsüchtig den Augenblick erwartet, da Jesu Heiligkeit und Weisheit in Erscheinung treten sollten, um das Antlitz der Erde zu erneuern. Nun musste er darauf verzichten, den so lange ersehnten Augenblick auf Erden zu erleben. Er würde den messianischen Erfolg nicht sehen und ihm nicht zujubeln, obwohl er ihm so nahe war. Mit menschlichen Augen würde er das Glück der erlösten Menschheit und die Freude über ihre höhere und schönere Bestimmung, die endlich gesichert war, nicht schauen.

Der Tod musste infolgedessen ein von Josef schmerzlich empfundenes Opfer sein. Er bedeutete für ihn, wie gewöhnlich für alle anderen Menschen, einen wahren Riss, eine Trennung von den Menschen, die ihm teuer waren, einen Verzicht darauf, den Erfolg all seiner Anstrengungen zu sehen.

Josef hätte sich sagen können, dass der Tod zu früh kam, dass er ein Leben, in dem er noch viel hätte leisten können, vorzeitig abschnitt. Er aber hatte sich angewöhnt, alles freudig aus Gottes Hand anzunehmen; so nahm er froh aus dieser Hand auch das letzte Opfer an, das sie forderte. Keine Klage wird über seine Lippen gekommen sein, nicht einmal ein Bedauern, denn Josef war überzeugt, dass der Augenblick, den Gott wählt, immer der beste ist. Liebend opferte er also den Schmerz, Jesus und Maria verlassen zu müssen, wie er alle anderen Leiden seines Lebens geopfert hatte. Er versuchte nicht einmal zu verstehen; er vertraute Gott und überließ sich dem Vater, der ihn zu sich rief.

Die Umstände seines Todes waren wohl derart, dass beim Opfer die Freude nicht fehlte. Josef wurde die Gnade zuteil, bei seinem Tod Jesus und Maria nahe bei sich zu haben. Deshalb wird sein Tod auch als Beispiel des christlichen Sterbens betrachtet.

Im Augenblick seines Hinscheidens von dieser Erde konnten seine Augen auf zwei himmlischen Gesichtern ruhen. Da war Maria mit dem reinen, gnadenerfüllten Blick, den er so gut kannte. Sie bezwang ihren Schmerz; Josef erriet es. Sie versuchte vor allem, ihm Erleichterung in seinem Leiden zu verschaffen. Sie war auch jetzt die ideale Gattin, sie wurde zu einer liebevoll sorgenden Mutter für Josef. Sicher umgab sie ihn mit äußerster Zuvorkommenheit. So wie über Josef wird sie sich nun über alle neigen, die an der Pforte des Todes stehen, um ihnen ihre mütterliche Liebe zu erzeigen.

Die tiefste Kraftquelle für Josef war jedoch die Gegenwart Jesu. Ehe er für immer die Augen schloss, ruhten sie auf dem jungen Mann, der mit aller Vollkommenheit ausgestattet war, dem Herrn und Erlöser der Zukunft. Für ihn hatte Josef gearbeitet: Er war das Ziel seines Lebens, seine Freude und sein Stolz. Josef wusste, dass die Bande, die sein Leben mit dem Leben Jesu verbunden hatten, niemals zerreißen konnten. Im Blick Jesu las er Versprechen, die weit über den Tod hinausgingen. »Du wirst mit mir im Paradies sein« (Lk 23,43). Musste die Gegenwart des Erlösers allein nicht dieses Wort aussprechen? Wenn er es später an den reuigen Schächer richtete, sagte er es nicht jetzt dem, den er auf Erden als seinen Vater geliebt hatte? Die Vertrautheit, die sie so beseligend im Hause in Nazaret vereint hatte, würde im Jenseits auf andere Weise fortdauern. Josef hatte Jesus in seinem Haus aufgenommen; er würde für immer im Haus des himmlischen Vaters aufgenommen werden.

Ein letztes Mal gab Josef sich Rechenschaft, dass die Gegenwart Jesu in seinem Haus das Privileg seines Lebens gewesen war; diese Gegenwart würde er auch im anderen Leben besitzen. Konnte er nicht mit noch größerer Berechtigung die Worte Simeons wiederholen: »Nun lässt du, Herr, deinen Knecht, wie du gesagt hast, in Frieden scheiden. Denn meine Augen haben das Heil gesehen, das du vor allen Völkern bereitet hast, ein Licht, das die Heiden erleuchtet, und Herrlichkeit für dein Volk Israel«? (Lk 2,29–32). In dieser Schau Jesu konnte er in Frieden scheiden.

Er wandte sich ohne Angst dem Jenseits zu. Man ahnt, welch gütigen Empfang der himmlische Vater ihm bereitete. Josef erhielt seinen Platz an der Spitze all jener, die den Erlöser im Jenseits erwarteten, um mit ihm in die beseligende Schau einzugehen.

Mit Recht rufen die Christen Josef an, damit ihr Tod dem seinen gleiche und sie auch der Gegenwart der Jungfrau und Jesu teilhaftig werden. Zunächst aber will Josef, dass ihr Leben sich in der Vertrautheit mit dem Erlöser und seiner Mutter vollziehe. Die Menschen, die wie er vereint mit Jesus und Maria leben, werden auch in dieser Vereinigung sterben.

Der Fürbitter

Der Tod beendet weder Leben noch Wirken des Menschen. Seine ihm aufgetragene Aufgabe an der Menschheit setzt sich im Jenseits fort. Josef hatte von ganzem Herzen mitarbeiten wollen am großen Erlösungswerk für das Heil aller Menschen. Dies Wirken führt er fort, seitdem er im Jenseits weilt. Es hat sich dort sogar geweitet und vervielfältigt.

Im Himmel ist Josef mehr denn je Fürbitter. Das teilt er mit vielen Heiligen; denn die Heiligen haben die Aufgabe, den Christen auf Erden zu ihrem Ziel zu verhelfen. Alle flehen für uns zu Gott und treten für uns ein.

Josef jedoch trägt den Titel eines Fürsprechers auf ganz besondere Weise. Er ist nicht Vermittler der Gnaden und seine Fürbitte ist zur Austeilung der Gnaden nicht erforderlich, wie es der Fall ist bei der Vermittlerin aller Gnaden. Aber er steht Maria und Jesus so nah, dass seine Fürbitte einen einzigartigen Wert erhält.

Auch im Himmel bleibt Josef der Gemahl Mariens. Auf Erden war ihre Verbindung so vollkommen, dass sie stets bemüht waren, sich gegenseitig jeden Wunsch zu erfüllen. Nun ist es noch so: Die Wünsche Josefs werden sogleich die Wünsche der Königin des Himmels. Daher können alle, die Josef anrufen, gewiss sein, das Herz Mariens zu rühren und ihre fürbittende Allmacht zu erreichen. Dadurch erhalten die Bitten an Josef eine umso größere Wirkung.

Auch seinem Kind Jesus gefallen diese Gebete auf besondere Weise; denn Jesus bewahrt ihm die dankbare Liebe, die ein Sohn seinem Vater schuldet. Die innige Vertrautheit Josefs mit Jesus setzt sich im Himmel fort; sie erwirbt die Erfüllung all seiner Bitten. Bereitwillig erhört der Erlöser die Bitten, die man an Josef richtet. Mit beispielhafter Treue und Hingabe hatte Josef sich während seines irdischen Lebens dem Wohl des Kindes geweiht; dem entspricht nun die Treue Jesu in der Erfüllung seiner Wünsche; er stellt seine Allmacht in seinen Dienst.

Josef ist also ein privilegierter Fürsprecher, der neben Maria am meisten Gehör findet bei Gott. Darum hat sich seine Verehrung in der Kirche immer mehr verbreitet. Lange stand seine Gestalt zwar im Dunkeln; nun ist sie entdeckt worden. Es hat Jahrhunderte gebraucht, ehe die Christen die erhabene Aufgabe Josefs als Fürsprecher erkannten und ihm die gebührende Ehre schenkten. Er hatte sich so gut in seiner Bescheidenheit verborgen und das Evangelium spricht so wenig von ihm, dass die Urkirche ihn kaum beachtet hat. Man könnte glauben, er habe sich auf Erden Maria und Jesus so nachgestellt, damit alle Verehrung sich ihnen zuwende, dass er auch in der Kirchengeschichte untergegangen ist. Sobald man aber anfing, Josef zu betrachten, hat man seine Heiligkeit und die Aufgabe verstanden, die ihm in der Heiligung der Welt zufällt.

Der Platz, den man Josef zuweist, kann niemals die Stellung beeinträchtigen, die Christus und Maria im Herzen der Christen einnehmen sollen. Die wahre Andacht zu Josef ist jene, die der Bewunderung der Jungfrau und der absoluten Liebe zu Christus dient. Hier geht es nicht um Rivalität und Konkurrenz; das gab es in der Familie in Nazaret nicht, und die Verehrung der Kirche könnte niemals diese Auswirkung haben. Die Frömmigkeit, die man dem heiligen Josef schenkt, muss auch vermeiden, ihm die Privilegien der Muttergottes zuzuschreiben. Die unbefleckte Empfängnis, die Miterlösung, die Aufnahme in den Himmel, die Vermittlung aller Gnaden bleiben ausschließlich der Mutter des Herrn vorbehalten. Man setzt Josef nicht herab, wenn man ihn unter Maria stellt; man muss die Vollkommenheit in ihm sehen, die Gott selbst ihm verliehen hat, und die ist – trotz dieser Unterordnung – sehr hoch.

Aber Josef muss im Herzen der Christen unzertrennlich sein von Maria und Jesus, so wie er in der himmlischen Glorie nicht von ihnen getrennt werden kann; wenn man ihn liebt und verehrt, muss auch die Vertrautheit mit Maria und Jesus wachsen.

Die Vereinigung mit Maria und Jesus wird die erste Gnade sein, die Josef uns erbittet. Er hilft den Seelen, ein inneres Leben in der Gesellschaft Mariens und der Vereinigung mit Christus zu führen. Durch ihn kann man die Reinheit erlangen, die zu dieser Vertrautheit führt, denn die jungfräuliche Keuschheit befähigte ihn zur erhabensten Liebe. Ihn kann man auch bitten um die Sammlung, die dieser Vereinigung dient. Ihm kommt es zu, uns den Frieden zu erflehen, der im Haus in Nazaret herrschte, und uns zu helfen, in allen Beschäftigungen die kontemplative Haltung zu bewahren.

Sein Leben hat ihn besonders befähigt, dem Leben eines Christen die innerlichen Werte zu verleihen. Er ermutigt zu demütiger Liebe, die Gefallen darin findet, im Schatten zu bleiben, um besser dienen zu können. Er trägt das im Stillen verrichtete Gebet zum Vater empor und lehrt uns, aus der Tiefe des Herzens zu beten. Er regt die Hingabe an, die sich in einer bescheidenen und gewöhnlichen Arbeit verbirgt. Er vermittelt die Opfergesinnung, die das Leiden schweigend annimmt, um es Gott besser als Gabe darbringen zu können. Er bewirkt die Entfaltung der inneren Freude, die Eifer und Großmut verdoppelt. Er lässt uns an seinem Vertrauen teilhaben, das alle Schwierigkeiten überwindet, weil es sich auf die unsichtbare Liebe Gottes stützt. Er leitet die Christen an, auch die banalsten Dinge mit Seelengröße zu tun.

Die christliche Frömmigkeit wendet sich auch um materiellen Beistand an Josef. Sie denkt an die Aufgabe, die ihm als Haupt der Heiligen Familie anvertraut war: die Sorge für ihre materiellen Bedürfnisse. Weil er arm war, muss diese Pflicht nicht immer leicht für ihn gewesen sein. Man kann annehmen, dass er sich oft fragen musste, auf welche Weise er den Seinen das tägliche Brot sichern konnte. Er hat die geheime Angst des Menschen gekannt, der fürchtet, für den Unterhalt der ihm anvertrauten Lieben nicht sorgen zu können. Gewiss, er glaubte an die göttliche Vorsehung, aber er hat die Sorgen und Ausweglosigkeiten des Lebens erfahren, die zwingen, den Glauben im Besonderen zu beleben.

Diese seine persönliche Erfahrung lässt ihn auch die Lage vieler Menschen in materieller Not verstehen. Sollte er kein Mitleid haben mit allen, die mühevoll das tägliche Brot verdienen und plötzlich vor großer Sorge stehen? Er weiß, wie demütigend eine solche Lage sein kann, wie sehr Sorgen dieser Art ein Herz bedrücken können. Darum erhört er gern die Menschen, die in solchen Schwierigkeiten ihre Zuflucht zu ihm nehmen. Er tut für sie, was er für Jesus und Maria getan hätte. Es ist darum nicht erstaunlich, dass in dieser Hinsicht wunderbare Gnaden auf die Fürsprache des heiligen Josef berichtet werden.

Sein Wohlwollen den materiellen Bedürfnissen der Menschen gegenüber beweist, dass seine Fürsprache umfassend weitherzig ist. Josef, der immer Demütige, stellt sich seinen irdischen Brüdern für die kleinsten Belange zur Verfügung. Die bescheidensten Wünsche finden ein Echo in seinem Herzen. Wenn man ihn auch zunächst um die bedeutenderen Gnaden des geistlichen Lebens bitten soll, so braucht man sich doch nicht zu fürchten, ihn um seine Hilfe in allen anderen Bedürfnissen zu bitten. Dadurch ehrt man die göttliche Vorsehung, die Josef zu ihrem Vertreter in der Heiligen Familie bestellt hatte. Sie bedient sich seiner immer noch mit Vorliebe, um den Menschen ihre Wohltaten zu erweisen.

Der Patron der Kirche

Am 8. Dezember 1870 ist der heilige Josef feierlich zum Patron der Kirche erhoben worden.

Die Aufgabe, die ihm auf Erden anvertraut war, rechtfertigt diese Erwählung. Josef war der Gemahl Mariens, der Vater Jesu und das Haupt der Heiligen Familie.

Als Gemahl Mariens scheint Josef auch irgendwie an der Mutterschaft teilzuhaben, die Maria in der Kirche ausübt. Zweifellos wird er nicht den gleichen Einfluss haben, weil ihm nicht die Aufgabe zufiel, die der Mutter der Christenheit anvertraut wurde. Aber man kann gewiss annehmen, dass er die Sorge der allerseligsten Jungfrau teilt. Steht er doch an ihrer Seite, um an der Ausbreitung des Reiches Christi mitzuwirken.

Als Vater Jesu scheint Josef dazu bestimmt zu sein, die Vateraufgabe am mystischen Leib Christi auszuüben. Wenn er das Wachstum des Kindes und seine Entfaltung an Gnade und Weisheit förderte, dann ist er besonders geeignet, das Wachstum des Leibes der Kirche, ihre Entfaltung in Weisheit und Gnade, zu fördern.

Als Oberhaupt der Familie kommt Josef die Ehre zu, an der Leitung der großen Familie der Kirche teilzunehmen. Obwohl sie viel größer ist als die Heilige Familie in Nazaret, so muss sie doch das Leben der Vereinigung mit

Christus nachahmen, das sie führte. Josef stand an Würde Jesus und Maria nach; trotzdem wurde er gewählt, die Heilige Familie zu leiten. Im Verhältnis zum Erlöser und zur allerseligsten Jungfrau nimmt er die zweite Stelle ein; das hindert ihn aber nicht daran, dass er der Kirche gegenüber seine Beschützerrolle weiterführt; dass er dazu beiträgt, sie zum Ziel zu führen. Die Fähigkeiten, die ihm zur Leitung der Heiligen Familie verliehen wurden, entfalten sich auch in seiner jetzigen Aufgabe: Seine Weisheit und väterliche Güte kann er besonders darin betätigen.

Außerdem aber entspricht die Aufgabe als Schutzherr der Kirche auch der Beziehung Josefs zu den drei göttlichen Personen.

Wir wissen, dass Josef in Nazaret in den Augen des Kindes der Vertreter des himmlischen Vaters war. Das setzt voraus, dass der himmlische Vater in ganz besonderem Maß die Seele Josefs nach seinem Bild geformt und ihm eine Ähnlichkeit mit sich selbst eingeprägt hatte. Jesus war glücklich gewesen, im Antlitz Josefs den Widerschein des Vaters zu entdecken. Müssten die Christen nicht eine ähnliche Erfahrung machen und in Josef das unsichtbare Antlitz des Vaters erkennen?

Der Vater ist der erhabene Herr des Schicksals der Kirche und aller Phasen ihrer Entwicklung. Er, und zwar er allein, hat mit eigener Autorität »Zeiten und Fristen« (Apg 1,7) der Ausbreitung seines Reiches festgelegt. Trotzdem liebt er es, er, der alles ohne menschliche Hilfe aus sich selbst tun könnte, die Mitwirkung der Menschen zu beanspruchen. Nachdem er die Familie in Nazaret durch die Vermittlung Josefs geleitet hat, fährt er fort, sich seiner zu bedienen, um die Kirche zu führen und aus Josef den Vertreter seiner väterlichen Sorge zu machen.

In dieser Aufgabe, die Josef mit der höchsten Vaterschaft verbindet, enthüllt sich auch seine innige Vereinigung mit dem Heiligen Geist. Als Schutzherr der Kirche bedarf er einer mehr als einfachhin menschlichen Weisheit. Schon zur Leitung der Heiligen Familie hatten gesunder Menschenverstand und Urteilsvermögen nicht ausgereicht: Josef war ständig erleuchtet vom Licht des Heiligen Geistes und folgte gelehrig seinen Anregungen. Das Evangelium spricht nicht von diesen Gnaden innerer Erleuchtung, weil es nur die äußeren Tatsachen berichtet; wenn es aber hervorhebt, dass der Heilige Geist Simeon zur Begegnung mit dem Erlöser führte, dann lässt das ahnen, bis zu welchem Grad Josef vom selben Geist geführt werden musste, um das Kind zu leiten und zu erziehen. Gerade diese Fügsamkeit dem Heiligen Geist gegenüber machte seine Vollkommenheit als Haupt der Heiligen Familie aus. Nun ist er endgültig in ihrem Besitz und sie lässt ihn teilhaben an der unsichtbaren Leitung der Kirche, um entsprechend den göttlichen Anweisungen einzugreifen.

In den Beziehungen Josefs zum auferstandenen Gottessohn verdient ein Umstand besonders hervorgehoben zu werden als Begründung seiner Schutzherrschaft über die Kirche. Josef war gestorben vor Beginn des Erlösungsdramas. Wir sahen bereits, dass es für ihn ein schmerzliches Opfer gewesen sein muss, darauf zu verzichten, den Sieg des Erlösers auf Erden zu erleben. Dieses Opfer will der Erlöser im Himmel dadurch belohnen, dass er Josef an der

Ausweitung seines Triumphs durch Mitwirkung an der Ausbreitung der Kirche teilnehmen lässt. Das ist eine Belohnung des Verzichtes, die ganz auf der Linie der Fruchtbarkeit des Erlösungsopfers liegt. Josef hatte vorweg teilgenommen an diesem Opfer; nun wird er des Sieges Christi und der Ausbreitung seiner Macht über die Menschen teilhaftig.

Nicht nur als Haupt der Heiligen Familie will Josef seine Schutzherrschaft ausüben, sondern auch wegen seiner vertrauten Beziehungen zum Vater, zum Heiligen Geist und zu Christus selbst. Josef hat tief eindringen können in die Liebe dieser Gemeinschaft der Heiligsten Dreifaltigkeit, die das Vorbild der Heiligen Familie in Nazaret und der Kirche ist.

Unter ziemlich kritischen Umständen ist Josef zum Patron der Kirche erhoben worden. Es geschah in dem Augenblick, als der Papst des jahrhundertealten Kirchenstaates beraubt worden war. Man begreift die Erregung, die dieser Verlust auslöste; heute jedoch bewundern wir die Weisheit der göttlichen Vorsehung, die diese Beraubung zuließ. Sie wollte dem Haupt der Kirche Gelegenheit geben, sich uneingeschränkt den geistigen Interessen zu widmen. Scheint es nicht, als sei Josef unter diesen Umständen das Werkzeug der göttlichen Vorsehung gewesen? Sollte er sich nicht gewünscht haben, dass die Kirche dem Bild der Heiligen Familie entsprechend ein Mindestmaß an materiellen Gütern besäße, die der Entfaltung des geistlichen Lebens dienen sollten? Der erste Akt der Schutzherrschaft des heiligen Josef in der Kirche war es anscheinend, in der Kirche eine Einstellung zu fördern, die sich in materieller Hinsicht auf ein Mindestmaß beschränkt. Bei aller notwendigen geistigen Unabhängigkeit sollte sie von Landansprüchen absehen.

Wenn Gott aber gewollt hat, dass die Schutzherrschaft Josefs eine Regelung materieller Art bewirkte, dann muss man annehmen, dass er noch andere Absichten hatte. Wenn er wollte, dass die ganze Zukunft der Kirche in besonderer Weise Josef anvertraut wurde, dann soll durch seine Mithilfe noch Bedeutenderes erlangt werden.

Im Augenblick zeichnet sich besonders klar die Vereinigung aller Christen ab. Die Einheit der Christen ist mehr und mehr das Schwergewicht christlichen Betens geworden.

Die ökumenische Bewegung, die die durch Schisma und Irrlehre zerrissene Einheit wiederherstellen will, hat sich ausgedehnt und eine merkliche Annäherung angebahnt. Alle Christen beginnen, sich verantwortlich zu fühlen für die Einheit, die Christus begründet hat, zu deren Verwirklichung er jedoch die Mitarbeit aller verlangt.

Ist die Annahme zu kühn, Josefs Schutzherrschaft sei in besonderer Weise im Hinblick auf die zu bewirkende Einheit der Christen eingesetzt worden? Wenn der Heilige Geist dem Haupt der Kirche, wie es bei der Ausrufung Josefs zum Patron der Kirche der Fall war, diese Handlung eingab, dann übertrifft dies die augenblickliche Absicht des Papstes bei Weitem. Josef scheint so recht geeignet, der Patron der Einheit der Christen zu sein. Er hat die Heilige Familie im Geist vollkommener Übereinstimmung geleitet; denselben Geist möchte er der Kirche vermitteln.

Die Entscheidung des Heiligen Vaters Johannes XXIII., das Zweite Vatikanische Konzil unter seinen Schutz zu stellen, ist von dieser Wahrheit inspiriert worden. Deshalb kann die gegenwärtige Kirche eine besondere Hilfe des heiligen Josef zugunsten der Einheit der Christen erwarten. Diese Hilfe ist umso notwendiger, als die Schwierigkeiten beträchtlich sind: Die Trennungsmauer ist zwar durchbohrt, sie ist aber im Laufe von Jahrhunderten sehr stark geworden. Josef wird die Geister versöhnlicher stimmen und die Herzen bewegen, sich in der Einheit des gleichen Glaubens und der gleichen Liebe füreinander zu öffnen. Er wird den Christen beistehen, die Irrlehre und Uneinigkeit der Vergangenheit zu vergessen und für die Zukunft nichts so sehr zu wünschen als die einmütige Vereinigung mit der Person Christi, die im mystischen Leib fortlebt.